"新基础教育"
研究成果集

钟东平 / 主编

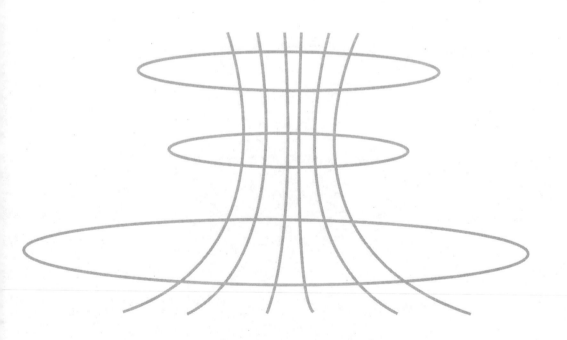

九州出版社
JIUZHOUPRESS

建构综合性学校变革生态
形成群体式高质量发展样态

持续多年与深圳市光明区的校长、教师和学生们交往、合作,共同投入教育变革实践中,久而久之,就有了更多的亲近感,包含着教育研究中的合作者、日常交往中的朋友等丰富的情感。带着这份情感阅读本书,则进一步唤醒了对校长和教师们的教育思想、变革智慧的体验与理解。

这并不只是在阅读本书时才产生的。每一次在生动、活泼的教育现场,在玉律学校、光明小学、马田小学等合作伙伴的教育变革场景中,在一起投入研究设计、推动实践探索、总结评估成败得失时,我往往都会不断地说:向各位校长和教师们学习,并让我们之间的共同学习、相互学习一直持续!经过多年的实践探索,已经有相当多的校长和教师不断迈上新的发展台阶,学校变革的经验不断形成和辐射,在"新基础教育"研究共生体和"生命·实践"教育学派建设中的贡献也越来越大!

正是带着积淀多年的情感和认识,再次读各位校长和教师们的文字,就能体悟到文字背后的丰富多彩和跌宕起伏;也能通过精准的文字表达,更好地理解来自深圳市光明区的教育变革经验和变革者的形象。

本书的结构方式,也许就已经表达出对学校变革生态的具体关注。全书包括"学校管理""学科教学""学生工作"三大板块,反映出对"新基础教育"学校变革研究领域的认同,也形成每一位教师、每一位学校领导者所处的变革生态的具体结构。经过持续的努力,校长和教师们在各自的变革领域中,作为变革的主人,推动多层面、多类型的教育变革,形成更为综合、更为融通的发展格局。在阅读过程中,我也对校长们更加注重综合性的发展设计和融通式的领

序言

001

导风格印象深刻,对于教学和班级建设领域的长程性、系列性、综合性印象深刻。丰富的专题总结和案例研究都在表明,在光明区的这些学校中,已经在形成更高品质的发展生态。

自然,这一发展生态的不断更新,是伴随着光明区、深圳市乃至中国和世界之发展的。正如有校长所言,当前,光明区正处于粤港澳大湾区建设、深圳建设中国特色社会主义先行示范区、建设世界一流科学城和打造深圳北部中心的历史交汇点。在校长们看来,区域大发展召唤着我们要打造与光明区定位相匹配的高质量教育。这份努力已经体现在当下的学校领导实践和教师的教学、班级建设实践中了。

而渗透在教育实践中的,是人的力量;教育的实践,也是为了包括校长和教师们在内的生命体的成长。非常难得的一点在于,本书不是一个人的专著,而是以群体的方式,呈现校长、学校中层领导、学科教师和班主任们的发展样态!

面对更具体的学校发展样态,有校长意识到,学校要面对城市发展所带来的挑战,如务工人员子女占比高、年轻教师占比高、育龄女性教师占比高,而骨干型、经验型教师却不断往中心城区调动,等等。因此,教师团队发展是此类学校在城市化进程中亟待解决的难题。

正是在本书中,能读到多种发展基础、多种实践背景的教师们,是如何实现主动发展、合作发展的。有教师相信:"教师没有任何理由因自己从事工作的性质而自卑。教师平凡但不庸常。"有教师强调:"我敢于将创造融入自己的教育生命实践,敢于耕耘自己的'三亩田园'!"有教师感慨:"虽然才迈出了那么一小步,但我珍惜这份觉醒,珍惜这份源于教学与学生的快乐!"有教师体验到:"在参与实践的这一年里,拿现在的我和以前的我对比一下,确实感受到了不一样的变化。"

这样的成长自觉,是和群体教师的发展氛围、相互之间的支持帮助分不开的。正是在校长和学校中层领导的支持下,光明区相关学校的教师更熟悉有品质的教研组织方式,更习惯于在群体中的备课、上课和研讨,更习惯于跨越地域的教师间的相互学习、共同探索。尽管一本书的篇幅不能将所有教师的发展容纳其中,但来自语文、数学、英语、体育、美术等学科背景的教师和班主任们的成长,已经通过这些文字表达出来。

阅读过程中,作为校长、教师眼中的"合作者",我也觉得这样的合作是多么的宝贵!一位教师如此描述她与叶澜教授的一次相拥:"那一刻,我激动得竟一句话也说不出。一位七十多岁的教育大家从上海奔赴深圳,走进小学课堂指导教学工作,这是对教学工作的热爱、对教育事业的情怀。作为初站讲台的我,能够得到叶澜老师的亲临指导,这是一种莫大的荣幸,是对我最大的鼓励,鞭策我日后上好每一节课。"其实,何止校长与教师们,作为大学教师,我们何尝不在体验一种"'新基础教育'让我体验了不一样的人生追求"的意蕴!

写下这份读后感时,正是我们通过互联网迎接疫情带来的现场研究的挑战的时候,正是一所所学校和教师不断出版自己的成果、持续优化教育生态的时候。创新发展的力量一直在,"教天地人事,育生命自觉"的信念一直在;因此,教育发展和生命成长的新内涵、新形态就将持续生成。

华东师范大学上海终身教育研究院　李家成
2022年5月8日

目　录

// 学生工作 //

学 校 管 理

以先进办学思想引领学校内涵发展

深圳市光明区光明小学　邓华香

　　光明小学全体师生,认真学习习近平总书记在全国教育大会上的讲话精神,落实"立德树人"根本任务,继续践行光明小学"生命自觉成长"的办学理念,从大处着眼,构建学校"1＋N＋1"育人文化体系;从小处着手,抓教师发展,抓教学质量,抓育人工作,抓校园环境和安全管理,扎扎实实推动学校有内涵、有品位、高质量地发展。

一、建文化——全面开展"1＋N＋1"育人文化研究

　　学校为了解决"新基础教育"课堂教学研究还缺少"融通"与"聚焦"的问题,在语文科组提出了"1＋N＋1"读写一体化的教学研究。在董波主任、科组长的带领和组织下,语文科组全员参与"1＋N＋1"读写一体化的教学研究。得到华东师范大学李政涛教授的高度评价,他说,光明小学"1＋N＋1"读写一体化的教学研究,阅读教学和习作教学做到了结构关联的教,教出了新的思路和新的收获,课型研究越来越成熟。这项研究已经获批光明区重点立项课题,正式开题研究。这项研究成果还被评为深圳第四届教育教学科研成果奖二等奖。

　　为了全面挖掘综合活动的育人价值,我们把语文"1＋N＋1"的研究思路延伸到学生工作领域,开展"1＋N＋1"学生一日校园新生活研究,以学生一日校园生活为切入点,通过N个非教学时段内综合活动的开发,创造学生一日校园新生活。这项研究得到了学生工作部门行政和班队实验教师的大力支持,积极参与,曾旭红、欧恋佳、田宇燕、阮琳等老师上的专题研讨课,受到了李家成

教授的高度评价。

现在,学校形成了"'1＋N＋1'学校育人文化体系的研究",以"生命自觉成长"理念为学校文化特质,全面开展"1＋N＋1"育人文化研究,从八大思路推进,实现办"校园美、特色精、质量高"的幸福学校的办学总目标。

二、抓教师——促进教师的专业成长

教师发展学校,教师成就学生。学校一直高度重视教师队伍的建设,各学科行政和科组长逐步落实了"五位一体"(集体备课、教师上课、评课研讨、反思重建、撰写体会)校本研修的教师培养模式,依托华东师范大学"新基础教育"研究及全国知名数学特级教师"吴正宪工作室"专家团队,坚持分层次对中青年教师进行培养。学校积极为教师成长搭建舞台,促进教师的专业成长。比如,2019年4月22日,学校协办了"新基础教育"全国共生体小学数学精品课开放研讨会,学校甘玉兰和谭惠君两位老师上的精品课得到了吴亚萍教授的高度肯定。吴教授说,这两节课的精彩呈现是光明小学教研的深圳速度。

三、抓教学——全面提高教育教学质量

教学质量是学校的生命线,是衡量教师教学工作能力最重要的标准,是落实素质教育、提高学生素质最重要的标准。

为了全面提高教育教学质量,课程教学部门制定了一系列措施,要求各学科组认真严格落实,坚持向教学常规管理要质量,向课堂教学研究要质量,向学生学习习惯和学习能力培养要质量。

学校狠抓教学质量提升工程,在全校师生的共同努力下,学校教育教学质量逐年提升,教学质量在区统一检测和专项比赛中成绩突出。比如,2019年5月,数学计算能力检测获得区第一名;2019年10月,数学计算能力检测获得区第二名。

四、抓育人——培育学生主动发展健康成长

为了让更多的学生得到主动健康的发展,成为德、智、体、美、劳全面发展

的人才,学校大力加强学生行为规范养成教育,开展丰富的校本课程和主题教育活动,促进学生主动发展健康成长。

学校狠抓学生日常行为规范养成教育,加强班主任日常工作检查管理指导,推进年级行政、年级长负责制管理理念,将各项工作落到实处。校长深入班级上班会课,分年段召开学生会议,针对学生的实际情况,开展思想教育工作,取得了较好的效果。

学校积极建设校本课程体系,落实学校提出的"八好"课程目标,2019年下学期按"体育、艺术、科技、语言"四大类开设了学生社团选修课程41个,在全面提升学生综合素养的同时,有力地促进了学校特色项目的建设。

我们在叶澜老师的理论启发下,提出了整体设计"四季活动",以"寻春——展现生命之美,嬉夏——展现成长之美,品秋——展现收获之美,赏冬——展现蕴藏之美"为主线开展四季活动,做到学科教学、主题活动、节庆活动相结合,实现活动育人的目的。这一系列活动为学生张扬个性、发挥特长搭建了舞台,展现出师生生命自觉成长的光明小学特色。

五、抓环境——营造了文明和谐的校园环境

我们一直高度重视并积极营造文明、和谐、健康、稳定、安全的校园环境。

2019年上学期,学校田径运动场正式投入使用,结束了光明小学10多年没有塑胶跑道田径运动场的历史;本学期,完成了学校"清凉工程",课室、功能室的空调全部投入使用。学校精心设计校园文化,营造了一个文明、和谐、幸福的校园,孩子们在这样的环境中受到真善美的熏陶,健康快乐地成长。

学校把安全管理作为工作的重中之重,学校安全办按照"深圳市安全管理标准化学校"的总体目标,把安全教育贯穿到整个学期及学校工作的方方面面,加强安全应急演练和学生在校安全管理,规范学生的课间活动,开展家校警交通安全护航队等工作,确保师生校园安全。

六、办学成绩和社会影响力

一年来,光明小学在上级教育管理部门的大力支持和指导下,在全体家长

的大力支持和配合下,经全体师生共同努力,学校在各方面都取得了较好的成绩,赢得了社会和家长的好口碑。学校办学理念、办学经验和成绩得到全国各地兄弟学校领导、同行高度认可,据统计,2019年度来自北京、广西、广东佛山、广东汕尾、台湾等地区领导、同行、学生来校观摩学习达到351人,学校办学的社会影响力正在持续提升。

成事成人成学校

——以深圳市马田小学为例的学校整体转型性变革研究

深圳市光明区马田小学　蔡晓珊

2018年5月,马田小学(以下简称"马小")与华东师范大学"生命·实践"教育学研究院签约,正式加入"新基础教育"研究行列,马小教育人策马扬鞭,追光前行,开启了重建师生校园新生活,"培养主动、健康发展的时代新人"之探索新路。

一、以梦为马,审视来路——邂逅"新基础教育",开启"转型变革"新征程

"新基础教育"研究的着眼点和落脚点在于师生的成长与发展,研究目标明确,旨在使学校通过整体转型变革,发展成为具备"价值提升、重心下移、结构开放、过程互动、动力内化"特质的现代新型学校。这是参与"新基础教育"研究的初衷和"梦想",学校以之为"马",审视来路,携手同行,赶超奔跑,开启一段用心、用情、用力的"整体转型变革"新征程。

(一)解读历史,时代进步的使命担当

马小前身为创办于1938年的茨田埔学堂,1949年党和政府接管后将其改名为茨田埔小学,1969年9月迁到现址,更名为马田小学。2017年,马小行政团队以推进文化重塑和建设为突破口,逐步将原有的"马文化"深化为具有深厚底蕴的"千里马文化",营造"万马奔腾"的成长生态,再融通"新基础教育"理念,升级为关注师生生命成长的"千里马"文化,引领学校走内涵式发展之路。历时4年的实践,学校现已形成具有马小特质价值追求的理念文化体系。

（二）转型变革，优质发展的智慧选择

当前，光明区正处于粤港澳大湾区建设、深圳建设中国特色社会主义先行示范区、建设世界一流科学城和打造深圳北部中心的历史交汇点。区域大发展召唤着我们要打造与光明区定位相匹配的高质量教育，马小教育人为了适应时代发展的需求，选择"新基础教育"研究，力促学校整体转型变革。

二、理论落地，开花结果——携手"新基础教育"，扎根"日常实践"共生长

（一）重塑头马发展新格局——学校管理与创新

学校以"赢在中层"为发展目标，将学校机构加以重组与更新。将"教学、科研"整合为"课程与教学研究中心"，增强了该部门对课程、教学与科研的整体策划能力；将"德育、少先队"整合为"学生发展研究中心"，增强了该部门工作的学生立场；将"办公室、后勤"整合为"人力资源服务中心"，增强了该部门工作推进中的整体协同性。

马小赋能中层，重心下移，将"中层"扩大到"基层"，强化其主体责任意识；制定年级主任职责，使年级主任更能为、更有可为；实行学科、年级纵横交织网格管理，将思维方式和管理实践从"要我做"转变为"我怎么做""为何做"，学科、年级双线管理更有效能。

（二）重构群马发展新样态——学科教学与教师发展

为了寻找"新基础教育"研究的突破口，早在2017年，学校就以光明区第二轮试验研究启动为契机，深入课堂开展调研，组织教师们座谈，以"宣传培训、认同接受、产生期待、骨干先行、滚动发展"20字思路弥漫渗透"新基础教育"理念，默默地做着前期浸润工作。

由于前期准备充足，一切工作开展起来井然有序。学校采取自上而下的方式，精心挑选具有发展意愿和潜力的第一梯队研究人员，同时采取自下而上的方式，倾听骨干教师的心声，统筹协调最终确定第一梯队进入的研究人员。实验教师个人在磨炼中得到成长，一批优秀头马教师得以凸显，各学科课型研究日渐成型：语文学科开展"古诗词""儿童诗""绘本阅读"课型研究；数学学科开展"数概念""数运算""规律探究"课型研究；英语学科开展"词句""故事""阅读""写作"课型研究；体育学科开启"常规＋特色"教学范式实践。

　　两年多来,学校为研究骨干创造条件,想方设法"请进来",千方百计"走出去",共组织教师319人次,分83批次前往上海、常州、桂林、南海和巩义等"新基础教育"共生体学校及浙江、山东青岛、内蒙古等地参加观摩学习,累计教师区外培训600余人次,区内培训1800人次。除了高密度的"走出去",我们还通过"请进来"双线专家为教师的专业成长助力。华东师范大学专家团队的李政涛、吴亚萍、卜玉华、李家成、徐冬青等专家已累计进校指导59次,指导骨干教师117人次。除此之外,2017—2020学年持续聘请常州市一线专家进校指导,把脉课堂共27次,指导教师共163人次。双线专家的指导充分激发教师内生力,在全校范围内形成了善于研究、敢于实践的文化场,不断推动学校在"全、实、深"的基础上朝"精、特、美"发展转型。

　　(三)重建小马驹校园新生活——班级建设与学生工作

　　两年多来,我们践行"重心下移""成事成人"的理念,落实"千里马文化"八大核心素养"八德"培育工程,即"仁、义、礼、智、信、勇、健、美",立德树人,五育并举,全方位、多层次,从被动走向主动,从点状走向系列,从单一走向多元。

　　首先,将"八德"培育与春、夏、秋、冬四季校园节俗的系列活动融合,重建小马驹校园新生活。春季"奔腾体育节",提升孩子们"勇"的气魄和"健"的体魄;夏季"智趣科创节",提升孩子们的动手操作能力和创新能力;秋季"致远书香节",提升孩子们的人文素养;冬季"缤纷艺术节",提升孩子们的艺术表现力和审美力。班级小岗位建设的探索也让班级实现"人人有事做,事事有人做"的全方位育人。

　　其次,根据学生成长需要,开展节点系列活动。新生入学的"八德"寻宝活动,让孩子们了解千里马"八德"文化;五年级和一年级手拉手活动,让孩子们变得更有责任和担当;疫情期间线上云开学典礼、云班会,带领所有学生学习了解各种感人事迹,感受逆行者们在疫情下的勇敢和伟大。六年级毕业季,六一儿童节、散学礼等活动,在活动中展现学生的特长和个性。经过3年的实践、反思、重建,形成了一套完整的学生评价体系,从入学到毕业6年间,通过"五个一"的阶梯式激励方案,以"八德银行"和"八德存折"记录学生的成长。"五个一"即"一天一记录、一周一评比、一月一颁章、一年一授章、一毕业一授奖"的"八德"评价体系,以评价机制为牵引,促进学生全面发展,构建"万马奔腾、气象万千"的学生发展新样态。

最后，以家校社合作为抓手，形成"八德"培育合力。成立"千里马家长成长学院"，携手所在社区、家长委员会及家庭教育专业组织，从学生成长需要出发，通过家长的成长实现家庭教育水平的提升，最终实现学生的高质量健康成长。实现学校、家庭、社区全员参与育人。用家长的成长促进孩子的成长，通过一个个孩子的健康成长、一个个学习型家庭的构建，推动整个社会的和谐发展。两年多来，家长义工参与"新基础教育"专家进校视导后勤服务工作152次；开展家校警活动406次，时长4132小时；邀请家长参与科技节、体育节等活动296人次；开展义工亲子活动18场，累计参加人数3140人次。学校还邀请校外知名家庭教育专家做各类专题讲座近60场，疫情期间学校多渠道向家长开展健康宣教活动多达20余次。

三、以马为梦，创生幸福——展望"新基础教育"，聚焦"内生推进"再出发

马小教育人乘着"千里马文化"之马奔跑在"新基础教育"研究之路上，仰望梦天的同时，也脚踏实地，梳理总结，查找问题，制定策略。

我们将在"新基础教育"成事成人目标的指引下，持续研究，推进学校整体转型性发展。

成事目标：让课堂焕发生命活力，让教师唤醒生命自觉，让学生主动健康发展，让校园充满和谐幸福。

成人目标：梯队建设步伐加快，骨干教师成长的数量和质量均有新突破；马小教师具有"博而明理，慧而识才"的形象特质；马小学生具有"仁、义、礼、智、信、勇、健、美"的八德形象特质。

成校目标：整体构建学校新形态，创造学校教育新生活，改变师生在校生存方式，让生命在学校里呈现活力，努力形成马小独特的生命质感。

发展正当时，未来亦可期。新光明建设提速，每一天都是历史。

在马小这片教育沃土上，马小教育人甘当"三牛"往前"犇"，以奋斗者的姿态赶超奔跑，让每匹"千里马"都跑出最美的奋斗姿态，让马小呈现出"万马奔腾，气象万千"的教育生态，在成事成人中助力学校整体转型变革，尽全力将学校打造成高品质、高质量的光明教育窗口学校。

参考文献

[1]张向众,叶澜."新基础教育"研究手册[M].福州:福建教育出版社,2015.

[2]叶澜.教育的魅力,应从创造中去找[J].内蒙古教育,2016(10).

[3]李家成,王晓丽,李晓文."新基础教育"学生发展与教育指导纲要[M].福州:福建教育出版社,2016.

以层级联动教研模式促进教师团队成长

——深圳市光明区的实践探索

深圳市光明区玉律学校　杜新添

一、背景：城市化进程对普通学校的冲击

城市化进程对普通学校的冲击主要体现在规模不断扩张上，尤其是处于城市边缘地带的学校，因地处人口注入区，自然遇到更大的挑战，如务工人员子女占比高、年轻教师占比高、育龄女性教师占比高，而骨干型、经验型教师却不断往中心城区调动等。因此，教师团队发展是此类学校在城市化进程中亟待解决的难题。

玉律学校是此类学校的缩影，它位于深圳市北部经济欠发达的光明区的边缘地带，2004年9月前是一所村小，后由政府接管办学，至2014年教学班级由原来的12个扩至23个。共有教师69名，其中中级职称教师19人，仅占27.5%；女教师50名，占72.5%；教师平均年龄30岁。10年间，学生人数由476人增至1167人，但户籍学生仅81人，占6.9%。近几年随着城区的发展，每年申请调动到城区学校的教师5～8名，且全为骨干型、经验型教师，语文、数学和英语主干学科骨干型、经验型教师流失占比达80%，教师团队的成长成为学校发展最大的障碍（见图1-1）。

学校管理

学生人数
急速增长
476人→1167人

骨干教师
流失严重
流失占比80%

多数教师
经验不足
中级职称教师仅占27.5%

地处偏僻
生源参差不齐
户籍学生仅占6.9%

图1-1　城市化进程对普通学校的影响

在社会对学校发展寄予厚望和教师团队成长遇到瓶颈的状况下,2014年9月,新任校长王婷提出科研兴校战略,借区引进华东师范大学"生命·实践"教育学研究院的"新基础教育"学校实验改革项目的东风,学校申报成为"新基础教育"实验学校之一。该项目专家团队每学期深入对语文、数学、英语、综合和班队等领域,从课堂问题诊断、说课和评课以及教材和学情解读等方面进行全方位的指导,我们称之为"节点研讨活动"。经过5年"新基础教育"研究,我们对学校教师团队建设多方面的实践摸索,积累了富有成效的经验。

二、问题:玉律小学教师队伍及教研活动在改革前的发展状况

(一)教师队伍发展状况

改革初期,虽本科学历教师占比达90%,但教师队伍结构极不合理,所有学科加起来称得上骨干教师的只有6位,且在学科中的分布不均匀。此外,骨干教师也缺乏指导年轻教师的能力,让占比最大的年轻教师空有一番抱负却得不到引领成长。90%以上教师的教育教学观念仍停留在唯分数论,通过"填鸭式"教学来提升教学质量,对出现的教育教学问题很少会有教师深思背后的成因。在这种背景下,学校的发展举步维艰,在区域内的认同度低。

(二)教研组建设状况

教师队伍的发展状况与教研组的建设状况密切相关。2014年玉律学校进入"新基础教育"实验项目以前,教研组建设状况也是问题重重,表现如下。

1.教研组长的责任意识不强

2014年前,玉律学校的教师管理实行的是科层管理体制,在此体制下,各学科组所处理的工作主要是事务性工作,如根据学校安排进行常规检查、组织教师上校内研讨课并进行听评课、组织教师进行集体备课、安排教师外出听课学习、组织教师进行课题申报等,教研组长只需按上级部门的指示完成任务即可,对学校学科教学的发展、教研组的整体发展以及组内成员的发展等责任意识不强。

2.教研组发展缺乏整体规划

"新基础教育"改革项目实施以前,玉律学校各教研组的活动缺乏系统、整体和长程性的规划,研讨活动开展缺乏问题意识,研究内容随意而零散。除校内研讨评课、常规检查反馈外,无其他任何对教学问题的研讨活动,教研组成员对教研活动的积极性不高、主动性不强,即使个别学科有,也是目标不清晰、发展步骤不合理、措施难以落地,特别是在对人的培养层面没有一个系统的、有梯度的规划。

3.教研活动呈点状化、浅层化

各教研组在开展教研活动时,其聚焦的问题多停留在对教师课堂教学流程、教学设计或学生学习状态的某个层面,对其教学行为背后所蕴含的教学思想没有进行过深入的研究,教研活动缺少对本学科教学问题深入持久的研究,没有形成整体性、系列性、专题性的研究,因此教研团队的发展失去了方向引领和研究方法的支撑。

4.缺乏共识性的教育理念的引领

当时,玉律学校的教研组开展研究活动时,理念意识不清晰,通常是借用一些当时流行的教育政策口号,形式性地交流一下,教研组成员之间并没有达成共识。因没有共识性的教育理念引领,对怎样的课堂才是好课堂没有共识性的理解,对教材的解读、学情的解读、教学目标的设计、教学过程的结构等也就没有清晰的认识。

三、对策:构建层级联动教研模式,促进教研团队专业发展

基于以上学校发展所遇障碍以及对教研团队的问题剖析,学校借力"新基

础教育"专家团队的专业引领,对各教研团队进行了功能重组,培养教研组责任人和专业引领人,抓好教研组内的梯队建设,以专题研究为引领。经过实践探索,我们以不同层级的教研活动为载体,将大科组、小级组、年级备课组和骨干教师、成长期教师、新手期教师的成长融为一体,构建了"层级联动教研模式",有效促进了教研团队发展和不同层面教师的专业发展。

(一)层级联动模式的内涵

"层级"指的是教研活动的层级和按教师成长所划分的等级。教研活动层级即光明区内"新基础教育"节点研讨活动、校内研讨活动、备课组内日常集体活动。教师层级指的是骨干教师(第一梯队教师)、成长期教师(第二梯队教师)、新手期教师(第三梯队教师)。"联动"指的是以研讨活动为载体,以节点研讨活动为核心,各层级教师围绕三个层级的研讨开展教研活动。

层级联动即聚焦节点研讨活动,由教研组长统筹安排研讨主题和各教师的研讨任务,整个教研组围绕两节研讨课,开展前期磨课、节点研讨当天的上课、说课、评课,以及后期的教学反思、教学论文撰写等活动;教研组利用校内研讨活动进行"前移后续"的研讨为节点研讨活动做准备或深化研究节点研讨中所遇到的问题,由骨干教师指导成长期教师和新手期教师开展教研活动;备课组内的日常集体活动则是结合节点研讨或校内研讨产生的问题,在日常教学中进行实践内化,同时对日常实践中产生的问题利用校内研讨或节点研讨进行聚焦研究。

(二)层级联动教研模式的构建过程

层级联动教研模式的构建是一项系统的工程,从聚焦骨干培养、梯队建设到全体的联动教研,是一个循序渐进的过程、"成人成事"的过程,其发展过程需经历三个阶段。

阶段1:培养骨干,聚焦基础课型研究

骨干教师发展的广度和深度决定了教研团队发展的高度。在打造精良团队的过程中,将人的培养与学科的研究点相结合,做到"成人与成事"结合是培育团队发展的有效途径。

在改革初期,学校在骨干教师培养对象的选择上以"专业素养好、思想境界高、发展意愿强、调动可能小"作为主要依据,对语、数、英、综合和班队5个项

目各选择两位教师作为专业上的骨干培养对象。在实践的过程中,我们发现专业能力强的教师,通常组织协调能力弱;组织协调能力强的教师,专业能力弱。也就是说,管理能力和专业能力皆强的教师非常少,遇有此类情况的科组,学校会物色一位两方面综合能力较强的教师作为教研组长,统领科组的发展。

在团队发展的第一阶段,我们通过高频度、高密度的节点研讨活动着力打造骨干教师,在各学科专家的引领下,从对教材纵横关系的解读、学情的分析、教学目标的准确定位、教学活动的结构化和开放性设计、课堂教学的动态调整以及课后的自我反思诊断能力等入手,着力培养骨干教师的教材解读力、学情分析力、课堂教学把控力、教学诊断反思力、文字提炼概括力等方面的能力。

为了使教研团队的发展有明确的方向,专家团队以课型研究为抓手,从各个学科的基础课型入手,以骨干教师的成长带动学科教研团队发展。课型是指围绕着某一教学目标或教学对象而形成的某一类型的课,它包含以下几个构件:明确课型的育人价值;设计系列化的教学目标和教学内容;形成该课型的教学过程结构,包括教学程序、步骤和相关要求;明确系列化的教学方法、教学技术和注意事项;确立系列化的教学评价标准;撰写一定数量的教学案例、随笔、论文。如语文学科的识字教学课型、阅读教学课型和写作教学课型,数学学科的数概念课型、数计算课型,英语学科的词汇句型教学课型等是小学三大学科中的基础课型。聚焦基础课型研究对教师形成整体性、结构性思维,提升教研团队的整体研究力起到了重大作用,为今后教研团队对教学问题研究的专题化、日常化和系列化提供了支撑。

此阶段只聚焦骨干教师培养,旨在集中力量培养骨干成员带动学科发展,同时可以减少改革所带来的阻力。为快速地使团队向学习型、研究型团队转型,避免骨干教师培养期间其他教师看热闹的现象,对其他教师采取"外干预"的策略倒逼他们成长。为减少阻力,刚开始可选取优秀的教学课例供其他教师观摩学习,通过观摩后的评课使各位教师找到新的参照系。学习的内容和形式根据教研团队的状态进行动态调整,从视频课例学习后的集体评课,到写评课稿,再到结合当前学科研究的前沿动态学习相关的理论并进行学习后的分享等,让教研团队慢慢地明晰团队发展目标。

阶段2：引领帮扶，形成梯队发展格局

在发展第一阶段，骨干教师的成长变化给了其他教师以榜样示范作用，在研讨学习的过程中，其他教师伴随学习共同成长。在发展第二阶段，各教研组选择2至4位有发展意愿、有一定教学经验且专业素养较好的教师根据其教学水平作为第二梯队的培养对象，同样借助节点研讨活动，由第二梯队2名成员A和B承担节点研讨课，在对节点研讨准备的过程中，第一梯队A和B一起负责带领第二梯队A和B，从教学设计、磨课、课后反思等方面进行前期指导。为深化第二梯队教师A和B对教学实践的把握与理解，第一梯队教师A和B可采取节点研讨活动前上示范课或在节点研讨活动后根据专家和同行的建议以同课异构的形式开展。

第二阶段的发展并非只是重点关注第二梯队成员的成长发展，在下一轮的节点研讨中可以再由第一梯队成员A和B上节点研讨课，开发新课型，引领团队向更高目标前行，第二梯队成员A和B则可以在节点研讨活动后根据专家和同行建议采取同课同构上校内研讨课的形式促进其对新课型的理解。随着第二梯队成员的成长，学校以类似的方式将其他有发展意愿的教师划入第三梯队，由此形成梯队共同发展的格局（见图1-2）。

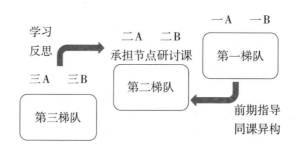

图1-2　梯队共同发展格局

梯队发展格局的形成，为团队稳定发展奠定了基础。非梯队教师第一阶段对视频课例的学习加深了对课型的理解，教研组长和骨干教师共同选定与现阶段研究课型相关的理论书籍或章节供他们学习，并通过学习分享、上校内研讨课的形式促进非梯队教师的成长。

阶段3：层级联动，全员卷入互助共长

随着研究的深入和教研团队的成长，基础课型的研究和原有的教研模式已不能适应团队的发展。在专家的引领下，学校英语教研团队率先着力单元整体教学研究，围绕单元整体教学开展不同课型研究，结合节点研讨、校内研讨和日常集体备课对同一单元进行系列的研讨。现以英语教研团队的第一次研讨形式为例来阐述层级研讨模式的构建。

2018年5月，英语科组改变了以往第一梯队带领第二和第三梯队的教研模式，率先在全校进行了改革尝试。此次节点研讨，英语教研组长统筹安排整个教研活动，将教研团队分成低段和高段两支独立的队伍，让他们全程参与一个单元三个课时的研讨课，根据研究需要，安排了任教三年级的第一梯队教师陈笔峰和任教五年级的第二梯队教师周嘉玲来承担节点研讨活动，安排任教三年级的黄文娟、张冰冰两位老师与陈笔峰老师上同一个单元的不同课时，安排五年级的林梦雅、杜新添两位老师上同一个单元的不同课时。单元研讨从单元整体教学设计、课时目标递进、课时话题衔接、不同课时的课型研究等入手进行研究，从承担节点研讨的年级集体备课到以低段和高段为单位的校内研讨课再到节点研讨课，教研组所有成员都参与研讨活动。围绕节点研讨活动，两支独立队伍有负责单元整体教学设计指导、撰写单元整体教学设计框架、收集文献资料及进行综述、教具和课件制作、说课（解说本单元的设计意图以及节点研讨那节课每个教学环节的设计意图，与传统意义的说课不一样）、评课等分工。

节点活动结束后，研究任务并没有就此结束，各位教师还需根据节点研讨活动中自己聚焦的问题，每学期选取一次节点研讨活动所关注的研究点撰写论文，全面提升教师的理论水平和实践能力。其他没有承担节点研讨活动的教师则需结合一学期教研组系列的研究主题，根据自身的实际，每学期至少申报一次校内研讨课，先是同年级教师集体备课，再到第一或第二梯队教师指导、校内研讨，将不同教师在校内研讨中遇到的共性问题上升到节点研讨由专家指导解决，最后让这些解决的问题回到日常集体备课和校内研究中去实践内化。这种研讨模式的最大优势是凝聚了一个教研团队的所有力量，承担任务的教师的角色在下一次节点研讨活动时进行轮换，让不同层面的教师都能有所成长，对增强团队的合作精神有重大作用，给校内其他教研组以很大的启发。经过实践中的不断优化以及结合各科组的实际,最终我们形成了学校特色的层级联动教研模式(见图1-3)。

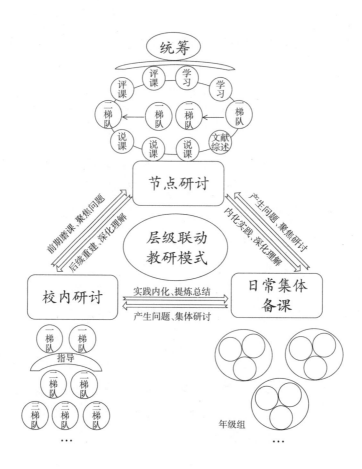

图1-3 层级联动教研模式

四、成效:层级联动教研取得的初步成绩

层级联动的教研方式借助梯队的力量,融入各层级力量,既聚焦大问题研究,又在日常研讨中围绕核心问题进行系列的日常研究,对教师团队的成长取得了显著成效。具体表现在以下几个方面。

(1)教研模式符合各层面教师的成长需求。核心骨干成员陈笔峰老师说:"层级联动教研模式凝聚了整个科组力量,激发了每位老师学习成长的内驱力。"第二梯队成员林梦雅老师说道："在这种教研模式里,时刻都能感受到自己的成长,因为前进的每一步都有迹可循。"新教师黄欣欣谈道："这样的教研模式让每个教师都融入其中,深深感受到学校对自己的接纳、关怀与认同。"

（2）加速了团队成长,缩短了骨干培养周期。以数学教研团队为例,2016—2018年两年间,科组两名第一梯队核心骨干全部流失,曾让数学科组一蹶不振。在层级联动教研模式的培养下,不到一年时间,数学科组原有的第二、三梯队6名成员现都已成了核心骨干。

（3）打造了学科品牌,培养了在区域内有影响力的教师。如学校的英语教研团队于2018年11月承办了第四届全国"新基础教育"英语学科共生体学校研讨会,英语学科的研讨模式受到了与会专家的一致好评。在教师影响力方面,三大主干学科里语文和数学各有2名、英语有4名教师在区域内有一定的影响力。

（4）教学质量逐年稳步上升。从一所村小到一所区域内有影响力的学校,得益于专家团队对教研的指导和引领,得益于此教研模式带动了团队的发展,将教学问题与研究落实到日常课堂,使学校教学质量从改革初在区域内的下层水平提升到现在的中上水平。

层级联动教研通过阶段性、递进性和融通性的教研活动,通过"人"与"事"的结合,在实现"事"的过程中培养"人",在培养"人"的过程中成就"事",将教学与研究相融通,将个人发展与团队发展相融通,将教师发展与学生发展相融通,开辟了教师团队发展的新路径。

参考文献

[1]卜玉华."新基础教育"外语教学改革指导纲要(英语)[M].桂林:广西师范大学出版社,2009.

[2]卜玉华."新基础教育"课堂教学改革的深化研究[M].福州:福建教育出版社,2014.

[3]杨小微,李伟胜,徐冬青."新基础教育"学校领导与管理改革指导纲要[M].桂林:广西师范大学出版社,2009.

[4]吴黛舒."新基础教育"教师发展指导纲要[M].桂林:广西师范大学出版社,2009.

[5]李政涛.重建教师的精神宇宙[M].上海:华东师范大学出版社,2014.

筑底色看日常实践,创特色听生命拔节

深圳市光明区光明小学　董　波

2014年9月,是光明小学发展新开端的重大节点!

校长邓华香非常认同华东师范大学终身教授叶澜教授"教天地人事,育生命自觉"的教育理念,引领师生加入"新基础教育"实验研究。从此,光明小学抓住跨越式发展的新机遇,开启了"培育生命自觉,心向光明生长"的新征程。

近年来,光明小学立足日常研究实践,筑牢"新基础教育"的底色,在"全、实、深"的研究中,创建学校精品特色品牌,为光明小学师生幸福人生奠基。

一、学习反思重建自觉创生,教师转变核心价值观念

在校长引领下,学校明确了"生命自觉成长"的办学理念和"做自觉创生的幸福教师,育主动发展的幸福少年"的育人目标,引领着师生有内涵、有品位、有质量地快速发展。

学校实施"骨干先行、梯队发展、分层培养"的团队建设策略,教师们在自觉创生中扎根生长。第一梯队的骨干力量董波、付娟、周烨、庄锦君、甘玉兰、谭惠君、李素宁、童莉、张红、林小燕、陈胜男、田宇燕等,研究课型结构教学,带头上研讨课,培养年轻教师;开创了成长一批、带动一批、影响一批的教师专业发展良好局面,如陈英如、徐绮婷、朱颖蓉、周嘉盈、喻梦茹、谢泽暖、黄文燕、那梦歌、陈丹宜、方凰、温国刚、邓成伟、柴盖、徐毅、黄光永、冯岸涛等年轻教师成长迅速,这也成就了"新基础教育"的"光明小学样本"。

在"新基础教育"实验研究中,光明小学每位教师都在转变,从关注做事的

价值观,逐步转到了关注人的成长的价值观;由散点、表层的思维方式,逐步转到整体思维、关联思维、复杂思维和动态思维;学生也变得更加阳光自信,主动健康成长。

"新基础教育"专家吴亚萍教授肯定了周烨主任和谭惠君老师的"条形统计图"这两节课的单元整体设计,开发了统计教学课型的育人价值,达到精品课水平;肯定了甘玉兰老师上的"认识百分数"这节课,学生学习新知识都是自然而然的。

2018年5月6日,在北京儿童数学教育思想实践与研究主题研讨活动中,周嘉盈老师上了一节数运算课型的研讨课。专家评价说,这堂课在算法多样化中勾连、生成算理,算理清晰,学生在课堂自主生长。

2018年6月14日,在全国小学数学特级教师工作研讨会上,喻梦茹老师代表深圳展示说课"认识厘米"。专家给予了高度评价:这节说课融合了新基础的大问题意识,内容中包含了三放三收,重心下移,紧扣前后知识与思维的联系,正是新基础长程两段式的体现。

华东师范大学"新基础教育"研究院李政涛教授到校指导教研,肯定了陈英如老师的视导课"远方":扎根于日常,有挖掘育人价值的意识,开发了"群文阅读"的课型新思路。

二、常规建设培养学习习惯,"八好"课程提升学生素养

培养"主动发展的幸福少年",凝聚着光明小学新样态的内在气质,更是光明小学"育人目标"的落脚点。那怎么落脚呢?

光明小学立足于日常的研究实践,聚焦课堂和教研,打造了学生的"学"、教师的"教"及"教研"的新常规。

教师们深深地知道,小学阶段是学生良好习惯形成和培养的关键时期。因此在每学期开学初,都会帮助孩子们重温课堂常规,欧恋佳老师还让孩子们编成课堂常规顺口溜:"上课铃声响,快速做准备。……自觉守纪律,齐心创佳绩。"

李淑妮老师引导一年级的孩子们学习书写规范,编口诀"两点靠,八字形,头抬高,脚放平……"朗朗上口的口诀,很容易让孩子们记住正确坐姿和握笔姿势。

范雪虾老师发挥责任心强、领导力强的小干部作用,课前提醒准备好学习用品,并摆放整齐;课堂上精神饱满,坐姿端正,回答声音响亮,学会认真倾听,积极思考并质疑;课后总结、复习学习的内容。

长期坚持下来,孩子们养成了良好的学习习惯,在学习中达到事半功倍的学习效果,更形成了积极探索、好学上进的班风、学风。

同时,学校以"育主动发展的幸福少年、全面提升学生综合素养"为核心,提出"好品格、好习惯、好思维、好创意、好口才、好文章、好体魄、好才艺""八好"课程目标,建构校本课程和社团课程实施体系,满足了学生主动发展的成长需要。

三、创生"五位一体"校本研修,开展"1+N+1"育人文化研究

光明小学"为了改变而坚持",重建了研修文化,立足日常实践开展"五位一体"校本研修活动,教师呈现出"学习研究、反思重建、自觉创生"的新态势。

学校依托"一学期两至三次的新基础专家视导、中期评估、普查、每学期固定的两至三次外请专家来校开展校本研修"等系列活动,各学科教研组发生了巨变。

语文科组长付娟解读了"五位一体"校本研修范式的基本流程,即"集体备课—教师上课—评课研讨—反思重建—撰写体会"。光明小学的校本研修,形成了学科教研组专题研究"循环重建"的教研特色。

为了深度开展学科和综合活动的育人价值研究,培育学校的品牌特色,光明小学全面开展"1+N+1"育人文化的实践研究。以"生命自觉成长"的文化构建,提出了"育主动发展的幸福少年"的育人目标,开发N个学科领域开展研究,每个学科领域又开展"1+N+1"独具特色的专题研究,构建出一个全面系统的育人价值开发实施体系。

比如,语文学科开展"1+N+1"读写一体化的教学研究,即,1篇课文+N篇拓展阅读或综合性学习实践活动+1篇作文。语文"1+N+1"研究与当前语文教学改革的"新常态"相契合,紧跟当前语文教学的前沿和方向,这是最令人惊叹的亮点。

四、棒垒球跳绳越野无人机，43个社团助力主动发展

在"育主动发展的幸福少年"的目标指引下，学校开设了43项社团活动，不仅搭建了学生张扬个性的绚丽舞台，而且蕴含着深厚的育人价值。"体育节""艺术节""科技节""英语节""童心绘光明""书法现场展演"等活动丰富多彩，激发学生的兴趣爱好，发展特长，提升综合素养，为终身可持续发展奠定了素养技能基础。

软式棒垒球是具有培养"文明礼仪、风度优雅、抗挫折品质"等育人价值的高雅运动。光明小学2013年创办了软式棒垒球社团，2014年成为光明新区软式棒垒球特色项目学校，2015年挂牌全国软式棒垒球实验学校。软式棒垒球社团连续五年参加全国锦标赛，获得两次第一名、三次第二名的好成绩。

2014年10月，光明小学启动了具有普及性、竞技性的跳绳特色教育项目。2016年，国家体育总局社会体育指导中心、跳绳推广中心为光明小学挂牌"全国传统跳绳项目学校""全国跳绳强心计划试点学校"。2017年，全国跳绳联赛总决赛夺得2金2银2铜；2018年6月，全国跳绳联赛获得6金10银5铜。全国校园跳绳公益推广活动、2017年12月深圳市中小学生田径运动会开幕式，都特邀光明小学跳绳队表演绳操；2018年5月参加光明新区中小学生素质教育展演。

定向运动，2016年参加广东省第十一届定向锦标赛，获得12岁组女子团体第一名，男子团体第三名，总团体第二名；2017年参加广东省第十二届定向锦标赛，获得12岁组女子团体第一名，总团体第二名。2018年，光明小学被评为深圳市足球特色项目学校、深圳市游泳特色项目学校、广东省校园足球推广示范学校、光明区体育特色学校。

学校智慧校园建设成效卓著，2017年11月被评为全国校园影视教育研究实验学校，2018年7月被评为广东省首批信息化中心学校。校园微电影《最好的朋友》、校园专题《四年磨一剑》获2017年全国校园影视评选活动一等奖、深圳市2017年"雏鹏奖"校园微电影大赛"十佳纪录片"。2017年，学校创客项目"智能家居影音系统"获得了国家实用性专利。

学校
管理

五、找春天品秋天亲近自然,四季活动精品课促成长

光明小学在综合活动中深入挖掘育人价值,学校整体设计"四季活动",以"寻春——展现生命之美,嬉夏——展现成长之美,品秋——展现收获之美,赏冬——展现蕴藏之美"为主线开展四季活动,将学校各类主题活动分布在四季活动中进行,做到长程设计、学科融通、多方联动,全面深度挖掘综合活动育人价值,促进学生主动健康发展,实现"育主动发展的幸福少年"的育人目标。

比如,2018年暑假围绕主题"暑·热·长——嬉夏,展现成长之美",开展暑假生活实践活动,通过亲历探究自然科学、社会生活、艺术人文、学科素养等,让学生过一个充实的、有价值的暑期生活。

在2018年9月27日的"新基础教育"专家视导班队研讨活动中,阮琳、曾旭红两位老师以"品秋"为活动主题,分别呈现了四年级和五年级两个不同年级的班队主题活动。阮琳老师执教的"走进秋天",从学生立场出发,在气象、树木、花草、美食之间寻找深圳秋天的不一样;曾旭红老师执教的"把秋天请进教室",着眼于班级文化建设,打造"四季教室",同时关注小队在班级活动中与他人的合作能力。评课专家和老师们都认为,这两节班队活动将常规工作转换为班级的内在生长力,都体现了学生真实的参与和成长。

光明小学的四季综合活动开展得丰富多彩,也成就了一批年轻的班队教师。田宇燕、欧恋佳两位老师的班队活动研讨课,专家的评价是研究方向明确、效果凸显,实验老师有想法、肯付出,团队教师有力量、很给力。林小燕老师作为光明区"新基础教育"班队研究骨干,共上了15节区级以上研究课,受邀在"新基础教育"全国共生体学校研讨会做专题发言5次,被评为2017年光明区年度教师,并参加了深圳市年度教师总决赛,2019年9月,她还被评为深圳市名班主任工作室主持人。

2017年12月,光明小学成功申报挂牌成为华东师范大学"新基础教育研究院基地校",我们坚信,经过新三年的探索,光明小学必定迈上"合作校"的新台阶。光明小学"培育生命自觉,心向光明生长",前景一片光明!

学科教学

加强语言文字运用,提升学生语文核心素养

——《威尼斯的小艇》的文学味与文化味

深圳市光明区原爱华小学　吴娜玲

叶澜教授毕20余年精力倡导12项教育信条,厚培"生命·实践"教育根基,我一一拜读,感悟颇深。特撷取一项,结合自身教育实践,写下感言。

其信条六提及:"教师是从事点化人之生命的教育活动的责任人。没有教师的创造性劳动,就不可能有新的教育世界。教师只有将创造融入自己的教育生命实践,才能体验这一职业内在的尊严与欢乐。"

的确,相比其他劳动,教学是一项"烧脑"活儿,但过程也乐趣多多、收获满满。2017年4月,我选择《威尼斯的小艇》作为新区"新基础教育"普查课,前后试课四次,过程曲折,然一股内在的愉悦感油然而生,皆因自己主动创造所得。以下是我多次创造课堂的历程。

一、关注学生思维品质,创造"文学"课堂

语文,集语言、文字、文学、文化元素于一身,它是多姿多彩的。我选择《威尼斯的小艇》这一课,主要是被课文那清新、随性又俏皮的语言所打动,为威尼斯异域风光、人文风情所着迷。作者抓住了这座城市"水上"的特点,围绕小艇,有静有动,动情地向我们讲述了自己的所见所闻,氤氲着浓郁的文学气息。因此,我将此次教学目标聚焦在提升学生思维品质,创造具有"文学"味的课堂。

以往,众多教学设计专注于"动静结合"写法,但仅仅停留在此节课的教学与运用中,未能与学生的原有知识和潜在知识联系起来(没能考虑新基础话语

体系中的"长程设计")。因此，此次我将此课"动静结合"写法放至学生原有知识"场面描写"这一大情境中，试图衔接学生已在五年级上册第八单元习作中所习得的知识——要求学生能根据"点面结合"按"开始、经过、结果"的顺序把场景写清楚。进而，在下学期能习得新知识——要求不仅要把场面过程写具体，也可以从动静结合观察点出发，将场面描绘得更为丰富多彩，更为灵动。最后，待学生进入六年级，能往更深层次探讨，从"以动写静、以静写动""全景式和特写式""环境烘托"等角度去打开学生场景描写的写作视野。

因此，以《威尼斯的小艇》为范本，体会场景"动静结合"之妙，并学会使用此手法表现一个特定的场景，是本节课提升学生思维品质的突破口。

那么，如何在"文学创作"中体现这一思维品质呢？光靠"文学赏析"，可能只是课堂的表面功夫，看似热闹，但真正扎根于学生的知识还有待"加工锤炼"。由此，我想方设法将文本视觉转向学生广阔的生活场景，仿照文本《威尼斯的小艇》中"威尼斯之夜"的写作方法，亲身实践下水文《烟花之夜》，企图从"读写结合"角度启发学生思维，介入"表达模型"，让学生先仿写，再进行创写，为学生提供写作支架，并使学生的言语表达更规范化，推动学生的写作能力逐层上升。

二、关注学科语文味，创造"文化"课堂

敢于大胆创造课堂，并融入自己的教育实践，勇气给予了我前行的力量，虽然前几次试课不尽如人意，但很快，我找准了自己的课堂毛病：一味追求"发展思维"而忽视"语文课"的特性——"语文味"，有了前车之鉴，我尝试做如下调整。

一方面，发挥优美语言的浸润作用，重视学生的感性思维，这是创造"文化课堂"的前提条件。审视前几节课，我大都是在品读语言文字方面"蜻蜓点水"般草草略过，品析时间过短，未能与学生一起感悟语言的意蕴和情味，更不用说自觉发现语言文字运用的规律了。如第一环节是感受威尼斯夜晚的动态美，我采用了让学生汇报、抓关键词、写批注的方法，去感受文本。但是，这种对比分析与梳理信息教学，让学生思维始终处于高度运转的状态，不适应的学生明显力不从心，导致后面教师与学生"单挑"。课堂忽视了优美语言的浸润作用，忽视了对学生朗读的指导与想象力的培养。

那么，如何让优美的语言散发香味？我将教学出发点从"思维"转向"语

言",因为学生只有在语言里驻足徘徊,感悟语言的意蕴和情味,体会语言的表达效果,才能发现并掌握语言文字运用的规律。

从语言材料看,为什么用"簇拥""散开""哗笑""告别"等词语,而不是其他?原来语言透露着浓郁的外域文化——高雅的歌剧文化、涵养的人文文化,需要师生停留品味,愈品愈浓。

从语言结构看,第5、6自然段应结合在一起,而不是割裂开来。因为作者采取的写法是:选择广泛的人物,描写不同的活动,呈现威尼斯的风情;选择不同的方位,展现威尼斯的夜景。把大目标定为"将人们的活动与景物、风情相联系"的表达方法,再细化"动静结合"写法这一小目标。如此一来,结构完整,教学也大气了些。

另一方面,用趣味性的活动代替枯燥性的训练,重视学生对语言文字的兴趣,这是创造"文化课堂"的关键之处。从上课效果来看,过量"分析""对比""归纳"等理性教学过于急功近利,学生小练笔也浮于表面,缺少沉淀时间。那么,知识和方法的巩固与深化,如何做到趣味盎然呢?我利用情境创设和现场体验等小妙招,让课程处处充满意趣。比如,通过老师朗读,让学生想象:从描写夜景的文字中,你仿佛看到了哪些画面?这是一种朗读中的想象;让学生通过交流,体验:假如你就是威尼斯人,沿着街道往前走,欣赏到了哪些美景?这是一种交流中的想象。当然,还可以借助多媒体(图片、音乐、视频等),联系生活实际,进入"动静结合""有声有色"的威尼斯,想象师生乘上小艇,合作朗读,去体验孩子天真烂漫的世界,与孩子同游在"童话"海洋。有趣味的教学环节,才能时刻吸引学生的注意力;有语文味的课堂,才能陶冶学生审美情操,将方法内化。

"教师没有任何理由因自己从事工作的性质而自卑。教师平凡但不庸常。"是的,教育信条予人满满的正能量,我是一名教师,我平凡但不平庸!我敢于将创造融入自己的教育生命实践,敢于耕耘自己的"三亩田园"!虽然才迈出了那么一小步,但我珍惜这份觉醒,珍惜这份源于教学与学生的快乐!

"新基础教育"理念下儿童诗教学模式初探

——以《祖先的摇篮》为例

深圳市光明区马田小学　　陈艳虹

儿童诗是诗的一个分支,是小学低年段语文教学中的重要部分。儿童诗基于儿童最富有的想象力,通过具体形象的语言,将丰富的情感和丰满的意蕴,以错落有致的句式变化与较强的节奏感进行呈现,抒发了独特的儿童情感与儿童情趣。儿童诗与"新基础教育"理念恰巧相契合,以"生命·实践"为核心,通过字词节奏的诵读、结构的把握、想象力的激发3个方面,初探"新基础教育"理念下儿童诗教学模式,以期唤醒语文活动中学生的主动性,体现让每一个生命真正地"活"起来。

一、概念界定

(一)"新基础教育"

此理念由中国著名教育家叶澜开创和引领,其核心是:教育应直面人的生命,应影响与促进教师和学生的生命健康、全面地发展。"新基础教育"理念中包含三个变化:基础教育"价值观"的更新,指向"新基础教育"的"未来性""生命性"和"社会性";教师学生观的具体化,更关注学生"主动性""潜在性"和"差异性";学校教育活动观的更新,提出了"双边共时性""灵活结构性""动态生成性"及"综合渗透性"四个新观念。

(二)儿童诗

以儿童为诗歌接收对象,基于儿童的年龄、心理和审美特点,创作出的儿童所喜闻乐见的,适合儿童欣赏、朗诵、阅读的诗歌。儿童诗在激发儿童想象力、思维力,培养儿童良好的审美意识及道德品质等方面都具有一定的独特的作用。

二、"新基础教育"理念的特点

"新基础教育"理念以"民族·世界"为经度、"生命·时代"为纬度,延伸了教育的广度和深度,其理念横跨教育教学管理的各个领域,在不同领域间产生了创生性的初探。

(一)"生命关怀"的价值取向

将生命价值确立为教育的基础性价值,将教育的意义提升至丰富生命价值、创造生命价值的过程,这是对于生命潜能的开发和生命关怀需要的满足。

(二)"生命关怀"的链接作用

把"生命关怀"倾注于教育的改革与发展,并将其分成不同却互相紧密联系的教学管理和班级管理。

(三)"理论·实践"的桥梁枢纽

"新基础教育"理念架起了学生"书本世界"和"真实世界"的桥梁,关注师生之间的有效互动,并致力于实现师生之间的平等,更是将现代学校制度与现代社会需求相匹配,通过制度建立起两者的枢纽。

(四)"生命·实践"的文化追溯

"新基础教育"更关注学校的变革,通过理论与实践的紧密结合、相互影响的方式,重建学校文化,实现以"生命·实践"为核心的学校文化转型。

三、儿童诗的学习

在传统的语文教学活动中,教师侧重于字、词、句、段的知识传授,而忽略了学生对整体篇章的把握与情感的体验感悟;采用更多的"教师教、学生学"的教学形式,以教师为主体进行教学活动的开展,而忽视了学生在教学活动中的参与度与主体性。那么,在"新基础教育"理念下,应如何有效地开展儿童诗的教学呢?

（一）夯实儿童诗的基础：诵读字词节奏

在任何语文教学中，最基础的一定是语言最小的单位——字。儿童诗由相对简洁、形象的文字组合形成，从而表现鲜明的形象、深刻的思想、独特的意境。

儿童诗除了要掌握基本的字词外，更要感受一定的声音节奏，正如美学专家朱光潜先生提到的那样，"情感的最直接的表现是声音节奏"。因此，在关注变化的韵脚、错落的句式中，加强儿童诗学习中的音乐感和节奏感，使儿童学习时更为轻松、自然，更契合低年段学生的学习路径，也使教学活动更具呼吸感。

在《祖先的摇篮》课例中，教师将动词短语作为本次教学活动的基础进行复习回顾。学生通过读一读、画一画、看一看、填一填、分一分五个小环节的递进，夯实了字词的基础。以表2-1为例。

表2-1

	环节	具体过程
动词短语	读一读	学生自由朗读课文第二、三小节
	画一画	用横线画一画"我们的祖先在摇篮里做了哪些有意思的事情"
	看一看	根据学生回答，出示：摘野果、掏鹊蛋、和野兔赛跑、看蘑菇打伞等短语
	填一填	根据诗句意思填表示动作的词语。出示：（　　）野兔（　　）蘑菇
	分一分	归类短语，积累运用，指导读好带动词的短语

在学生字词掌握的基础上，教师设计了自由读、合作读、动作读、展示读、齐读等多种不同形式的朗读，从自由感知出发走向集体共鸣，从而读出诗歌的节奏美、情感美、画面美，在朗读中感受祖先美好的生活。

通过多次诵读，学生与教师由读明白短语、读通顺，到读好每一个句子，再到读好节奏，最后能够集体诵读。学生在诵读过程中，在教师的引导下，关注儿童诗里的节奏、停顿、语气、音调，才能够逐渐感受文本的思想美，才能够一次次走近儿童诗，走进儿童诗，为学生对结构的把握打下基础。

(二)把握儿童诗的结构:创编选段小诗

儿童诗的独特结构也是儿童诗学习中的重要板块,正是字词的巧妙组合架构才完成了一首值得传诵的儿童诗。

《祖先的摇篮》作为儿童诗中的一首,结构清晰明朗,共有4个小节,第1小节,由爷爷的话引出"那原始森林是我们祖先的摇篮",描写了森林"一望无边、绿荫遮天"的特点。第2、3小节基于儿童真实的生活产生了想象,具体猜想了祖先在原始森林里生活的情境。第4小节,通过风吹树叶的"沙沙"声将思绪拉回到现实世界,通过对祖先的摇篮发出深深的感叹,强调辽阔丰茂的原始森林是祖先赖以生存的摇篮,与开头彼此照应,同时也引发了对自然世界的关注和保护环境的呼吁。

教师对于儿童诗结构的把握不是简单地分段教学,而是通过仿说其中第2、3小节进行强调,在同伴互助分析的基础上,进行选段填空的仿编形式,以此感受语文的不同表达形式,训练孩子的语言表达能力。以图2-1为例。

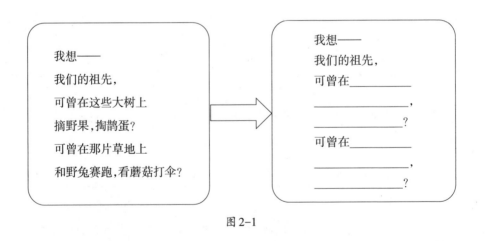

图2-1

通过选段的创编,儿童诗的学习在充分地朗读、自由说后,从听说转向读写,提供填空式的选段,这是为学生学习提供的支架,也是儿童诗学习中不可或缺的对结构的感受与把握,更是为学生接下来的想象提供了牢固的支架。

(三)激发儿童诗的想象:绘制分享图画

儿童诗有其独特的意境,而意境正是诗歌的感情与形象的意象结合的产物。只有把真实的儿童感受通过形象含蓄地表现出来,儿童诗才具有童稚而优美的意境,才具有想象的美感,才能感动儿童。

在教学设计的最后一个部分,教师把所有的限制与束缚全部抛开,为低年段学生提供足够的想象空间,以"写一写、画一画"的方式激发学生的想象思维能力,并设计了以下两项作业进行活动的延伸与丰富(表2-2)。

表2-2

	内容	意图
作业一	把祖先的摇篮讲给父母听,与父母分享祖先生活的美好	以语言的形式传递儿童诗本身的美感
作业二	画一画原始森林,在画上附上一首小诗	以绘画的形式丰富儿童诗以外的想象,并延展儿童诗的内容

在教学活动时,以字、词、句、段为学习的基础,以文本的解读为提升,以生命价值为目标,由此体会儿童诗的文字美和节奏美。在对语言有了充分体会的基础上,将其与更丰富自由的价值相链接,让学生有收获、有感悟,这才是语文的魅力与价值。

四、小结

"新基础教育"理念下的儿童诗教学,不仅仅是儿童诗的教学,更是儿童观的生长。教师带着发展的眼光面对着低年段学生,充分考虑到学生的具体形象思维和抽象思维的融合与发展进程,将教学的弹性逐渐扩大,使整个活动设计不再"步步紧逼",而是充满了呼吸感和自由度,犹如进入想象的星球宇宙,唤醒了学生的主动性,让每一个生命真正地"活"起来。

表演在小学语文写作教学中的运用

深圳市光明区玉律学校　贺功臣

通过表演来进行小学语文写作教学,不同于传统的学生戏剧表演,不是选些灵活漂亮的孩子反复排练,最后去做一台完整的剧目演出,而是利用儿童爱好模仿扮演的天性,在创建的戏剧情境中,让儿童以各种表演方式,去亲身体验其所扮演角色的动作、语言、神态等写作对象,然后带着这些体验进行写作,从而达到通过表演方式来训练语言文字的目的。

现在小学语文写作教学的课堂,普遍存在的状态是枯燥乏味,学生听得似懂非懂,一次作文课,达到基本写作要求的学生人数并不乐观。学生们的反馈是:不知道要写什么以及不知道怎么写。究其根源是学生的表达欲望的压抑与表达能力的欠缺。

而表演可以为小学的写作注入新鲜而强大的力量——体验! 可以同时解决写作过程中表达欲望与表达能力的问题。

因为写作表达的源泉正是来源于表演的育人价值——"体验"。比如,人教版小学语文四年级下册第五单元作文,习作要求是,学习完本单元四篇"热爱生命"主题的课文后,写一写自己获得的感受,受到启发。传统的写作教学模式是:审题并确定中心思想,接着是列出写作大纲,组织好开头、结尾,开始写作,然后修改评讲。

在这种教学模式下写作,学生的表达欲望与表达能力肯定是欠缺的。但将"表演"引入写作教学中之后,情况就变得不一样了。本单元两篇课文《触摸春天》和《永生的眼睛》中,都有"盲人"这个关键信息点。要让学生理解"盲人",可以通过课文阅读来学习,也可以通过查资料、看电视、看电影来理解,这些都是"旁观"和"抽象"的,是冷冰冰的、外在于学生的知识。

这时候,让孩子演一演"盲人",假设此刻自己就是盲人,如何自己一个人摸索着从学校门口回到自己在教室的座位。如此演一下,"盲人"的概念,孩子就感同身受了,就有了同理心、同情心,"盲人"这个概念就通过表演扎进孩子的心里去了。对于生命的感悟,也就水到渠成了。

只有进入创设的表演情境之中,有了置身其中的表演,孩子们获得了丰富的体验之后,"盲人""热爱生命",从此不再是抽象的,而是具体的;不再是旁观性的、与己无关的,而是"我在其中"的。这一切都源于表演之后生成的"关系体验",有了这些体验之后,再进行写作,就有了深度与温度。

表演对于小学写作的独特价值也由此而来:为孩子们提供、创造了体验创生、丰富和扩展的平台、条件与机会,让孩子们因此拥有独属于自己的丰富的情感体验、审美体验、思维体验和表达体验。

表演除了体验价值之外,还有一个转化的价值。平时语文课堂上学到的语文知识是一个输入的过程、积累的过程、由外而内的过程;而表演是由内而外的过程,学生把读到的、悟到的、积累到的用表演的形式表达出来,把沉睡的积累唤醒。这是一个输出的过程。通过表演可以达到内外、输入与输出的转化,达到综合理解与应用的转化。

另外,表演还有降低写作难度、激发写作兴趣、享受表达的乐趣等价值。通过表演让写作轻松、有趣、有效,通过表演链接真实与生活,深入自我的内心深处,从而认识自我,并在这一过程中享受表达的乐趣。

表演在作文课堂上还可以释放天性,打开身体与心灵。通过表演这种特殊的人际关系协作模式,更能培养同理心、沟通、妥协、体谅、乐群、合作、见贤思齐等宝贵的品质,以及合作、创编创新、欣赏审美等能力。

总之,表演与小学语文写作教学的结合,相得益彰,可以极大地促进学生写作兴趣与能力的提升,使学生的听说读写、交际合作能力得到锻炼,语文基本素养得到全面提高。

对于表演在小学语文写作教学中的运用,在实践中有以下一些建议。

一、表演之前要链接生活,获得真实体验

写作来源于生活,又高于生活。学生的生活生长环境是写作的基础,是极佳的写作资源。没有对生活的直接、真实感触,无法写出好的作文,也丧失了表达的意义。语文教师不仅要教知识,还要引导学生学会生活、体验生活。

比如,在指导三年级下册第四单元"动作描写"写作课时,教师首先要求链接到真实生活——让孩子们在上作文课前一天晚上动手洗一次袜子。然后在课堂上通过"无实物表演",将洗袜子的过程进行现场动作再现,边表演边用语言描述自己的动作,在此基础上,教师进行动作描写的指导。

学生有了真实的洗袜子体验,这极有价值——首先是认知体验,洗袜子的流程学生了解了,要先浸泡,然后抹肥皂,再搓,最后清洗。其次会获得身体体验,比如洗的过程中手搓红了、搓疼了,闻到了洗之前的臭与洗之后的香,看到了洗之前的黑和洗之后的白。最后是情感体验,洗时的累与苦,洗完之后的乐等。以上三种体验都可以成为写作的素材。

二、表演之时要链接课文,有效训练语言

表演解决了体验的问题,但只有体验还是不够,体验可以成为表达的对象、表达的来源,但怎样表达,如何表达呢? 还需要通过在表演过程中设置语言训练点来完成,而这些语言训练点就来源于课文。

还是以"动作描写"为例,其链接的文本就是人教版三年级下册第16课《绝招》。这篇课文中蕴藏着4个"动作描写"的语言训练点:动作描写要用动词,动词要有顺序,动词要表达情感,要对动词进行修饰。

在学习该篇课文时,教师已经通过各种题型训练过这四点,让学生有了动作描写的支架。有了这样的语言训练基础,再上课堂表演时,要求学生边表演边用语言描述自己的动作,学生的表达就非常清晰且丰富精彩。在此基础上,再进行现场写作,巩固表演的成果,就水到渠成了。

小学语文课文,每个学期都有30多篇,每篇课文都可以提炼出一些写作的语言训练点,这些语言训练点可以实现读写结合融通,也可以与表演结合,为写作提供坚实的支撑。

比如，人教版小学语文五年级下册《半截蜡烛》的训练点是语言描写，训练要素是：语言描写要体验人物特性，要取舍得当，要用标点、语气助词表达情感，要与"语动心神"结合使用。

再如，人教版小学语文六年级上册《穷人》的训练点是心理描写，训练要素是：可以通过身体感受反应、思维反应、情感反应以及相互配合来表现心理活动。

又如，人教版小学语文四年级上册《卡罗纳》的训练点是神态描写，训练要素是：直接加情绪状态词，详写目光、面部变化以及综合叠加。

……

有了课文写作训练点的支撑，写作课上的表演就更加聚焦，表演就是为了语言文字的训练而进行的表演，是对语言文字训练点的形象化呈现。只有表演点与训练点结合，才能实现表演写作课的优质与高效。

三、选择合适的表演形式

有了以上两个链接，写作教学就有了基础与支撑。接下来就是选择具体的表演形式来完成写作教学课。在表演与写作的结合中，经常使用的戏剧方式有角色扮演、身体雕塑、声音切片、无实物表演等。选择合适的表演方式，对于写作无疑是如虎添翼。以下是尝试过的一些有效的表演方式与小学写作教学的结合。

（1）用"即兴表演创编童话故事"来学习"语动心神"的描写。

（2）用"无实物表演"来学习"动作描写"。

（3）用"变脸表演"来学习"神态描写"。

（4）用"感受力小剧场"来学习"心理描写"。

（5）用"cosplay"来学习"外貌描写"。

（6）用"话剧表演"来学习"语言描写"。

（7）用"导游选拔赛"来学习"按空间顺序写景"（描写自然环境）。

（8）用"小小摄影展"来学习"按时间顺序写景"（描写自然环境）。

（9）用"我是一名导演"来学习"场面描写"（描写社会环境）。

（10）用"产品推销节"来学习"说明方法"（说明文）。

（11）用"辩论赛"来学习"议论三要素"（议论文）。

当然,表演的形式多种多样,作为教师,我们有必要广泛涉猎和汲取表演与教育戏剧领域的相关理论和实践经验。以语言训练点为基础、为立足点,在戏剧常见的十几种方式方法里,可以找到最合适的那一种。

四、学生表演与教师指导并重

学生的表演权力、表演时间必须保证:表演不是某些孩子的专利,课堂上每个孩子都有表演权力,教师要做好计划让每个孩子都来表演。围绕表演点实行开放,或同桌互演,或小组合演等形式,让全体学生都能参与到课堂中来,让每一个学生都有表演的机会。

另外,表演时间是决定学生能否真正体验的基础,所以表演时间每节课都要在15分钟以上。还要在表演之后进行评价:先围绕语言训练点制定评价标准,然后围绕标准进行学生自评、生生互评、师生互评。让每个学生都有得到反馈的机会,都有评价的机会。

最后,针对表演中出现的问题进行重建表演。在表演结束之后,组织现场写作,将表演成果进行固化。

教师需要在学生表演的过程中,捕捉和利用现场生成的资源。由于形式活泼、生动、有趣,学生在自由兴奋的状态下有很多好的资源会生成出来,教师需要在这种状态下进行及时的捕捉利用、放大与生成。表演让写作课堂很容易就活跃起来,而教师现场的捕捉生成能力才是让作文表演课焕发生命力的关键之所在。

五、课例及评析

(一)三年级上第七单元作文:"创编童话"

1. 身体雕塑的应用

师:各位同学已经看到了,这节课,我们要上第七单元的作文课。按照惯例,作文课前我们要回顾本单元知识。(翻到PPT第2页)在第七单元,有一些有趣而且重要的词语,我们现在就用同学们最喜爱的"身体雕塑学词语"方式来复习。让我们一起用身体、用情绪,来感受词语、表达词语,你们准备好了吗?(生答:好了!)

师：全体起立，1——2——3——开始（生迅速起立拉放椅子，并准备开始）！

生先齐读一个词语，然后用身体"雕塑"出词义，听老师口令"1——2——3——停"后，静止不动。

师：很好，"左抵右挡"的动作做得很到位（模仿）……"恼怒"……通过你们的神态，我感受到了你们的"恼怒"，我猜你们早餐一定吃的是炸药……"惊讶"……"猛扑过来"……

师：停！非常好，你们用身体动作、表情神态和情绪情感，表达了对词语的理解。

点评：通过"身体雕塑"可以更深层次地理解词语，对词语的理解有4个阶段，一会读、二会写、三能理解、四身体记忆，通过身体表演，对词语进行理解与身体记忆，可以打开身心，让词义走进心灵之中。

2.评价标准的确定

在课堂第一环节，通过复习单元课文内容，体验了"语动心神"的作用，并确定了要以"语动心神"为写作的标准。这是第一次提到评价标准。

在课堂第二环节，在将故事续编完整环节，再次提出续编的要求为"语动心神"；在续编故事展示与评价环节，第三次强调了不管展示或评价都要围绕"语动心神"来进行。

在课堂第三环节，即小组合作表演环节，第四次强调"语动心神"在表演中的应用。

在课堂第四环节，全班展示表演与评价，第五次围绕"语动心神"展开活动。

点评：通过反复多次、形式多样的教学活动，将评价标准——要使用"语动心神"的概念与使用方法，浸入学生的头脑与记忆之中去，并转化为学生写作时的自发意愿与能力。

（二）三年级下第四单元作文：我的"绝招"

1.表演点与训练点的挖掘

师：下面我们就正式进入无实物表演"绝招"的环节，请全体起立。第一步：闭上眼睛，内心视像，想象你表演"绝招"时的场景，你身体的状况如何，你的左手、右手、左脚、右脚、眼睛、鼻子、耳朵,都准备好了吗?准备好了,就点点头示意。

师:第二步:放慢动作,依次将你"绝招"的动作从头到尾表演一遍。

师:第三步:在做动作的时候,可以用语言进行解释说明,可以将动词以及表示先后顺序的词说出来。已经做完的同学可以再做一遍,检查一下是否有动词,动词是否有顺序,是否有修饰,是否有感受感情的表达。

师:现在,同桌之间互演与互评。好,现在A演B看,然后B演A看。时间2分钟,开始。

师:好,看同学们表演得很有兴趣。我们有请几位同学来到台上表演给大家看一看他们的"绝招",台下的同学们也有任务,那就是对台上同学的表演进行评价。评价的标准请大家一起读一遍。

生:①有动词吗?②动词有顺序吗?③有动词修饰吗?④有感受感情吗?

师:好,相信大家一定演得出色,评得精彩,老师对你们的表现充满了期待。下面观看演出的同学一定要认真倾听,否则评价的时候,就没办法高质量发言。

点评:动作描写的难点在于如何用动词将动作表现得生动形象,而现实生活中的动作仅仅存在于人的头脑的概念之中。无实物表演的形式,可以有效地将现实生活中的动作进行再现,并被意识到。可以说,无实物表演与动作描写是天生绝配。表演点与训练点的有效契合,会产生良好的化学反应。

2.表演成果的固化

师:好了!同学们都演得出色,评得精彩,下面我们进入"现场写作时间"!请拿出我们课前发的写作纸!写作要求如下:

(1)只需写出介绍"绝招"的一段。

(2)时间8分钟,快速地将你的思路记录下来,不会写的字用拼音代替,也可以画圈代替,字尽量写快,重点是不要让思路中断。

(3)可以在你的"好词好句摘抄卡"收集到的动词中挑选合适的用到你的写作中。

(4)最重要的是,在你对一些动作想不起来的时候,可以再次无实物表演,

感受"绝招"的动作。(生开始写,师巡视做个别指导)

师:写完之后,再用动作描写的四个要求来自我检验一下,看自己用上了几种动作描写的方法。

点评:通过自演、互演互评、全班看表演全班评的几个步骤,学生对于动作描写的四种方法已经非常熟悉了。这时候,需要现场动笔来写作,将无实物表演的成果进行固化。

总之,表演元素进入小学语文写作课堂后,就产生了神奇的化学反应,不仅辅助课文的学习,还打开了许多意想不到的可能性的大门。

参考文献

[1]张晓华.教育戏剧跨学科教学——课程设计与实践[M].北京:中国戏剧出版社,2017.

[2]王添强,朱曙明.儿童戏剧魔法棒[M].乌鲁木齐:新疆青少年出版社,2017.

[3]吴玉如.中小学生语文能力培养与实践[M].福州:福建教育出版社,2014.

[4]李政涛.教育常识[M].上海:华东师范大学出版社,2016.

学科教学

"1＋N＋1"读写一体化：破解学生读写难题的金钥匙

——光明小学语文"1＋N＋1"读写一体化教学研究

深圳市光明区光明小学　　邓华香

一、问题的提出

当前我国基础教育全面落实"立德树人"根本任务,培养中国特色社会主义合格建设者和可靠接班人。全面提升学生综合素养,是新时期深化教育改革的主要任务,这项任务就落实在各学科教学的育人价值上。因此,深入推进课堂教学改革,挖掘学科教学的育人价值,全面提升学生的学科素养,成为落实基础教育根本任务的关键所在。

语文教学的核心任务就是要通过学生的大量读写,来提升中小学生的语文学科素养。抓好阅读和写作教学,是提高学生语文学科素养的必经之路。那么,我们的学生到底在阅读和写作方面是一个什么状况呢?总体而言,低年级学生识字阅读的兴趣不浓,识字量小,坚持阅读的意志不强,教师指导方法不多;中年级学生自觉阅读兴趣不浓,阅读习惯、态度、方法不容乐观,造成学生读的书不多;高年级学生对写作的兴趣不浓,觉得无话可写,无从表达。比如,经调查问卷,本学校五、六年级的700名学生,76.49%的学生表示害怕写作文,原因有很多,约12%的学生是语文基础薄弱,阅读量太少;而绝大多数学生害怕写作文是不知道怎么写,才能将一件很小的事情写具体、写真实、写得有意思。

可见,学生在语文学习方面存在两个严重的问题:一是学生的阅读量不足、阅读能力偏弱;二是学生不愿写,写不好,怕写作文。

我们提出的"1+N+1"读写一体化教学研究,就是要破解学生读写的双重难题,立足日常教学实践,培养学生阅读和写作的兴趣,全面提高阅读和写作教学的质量,提升学生的语文学科素养。

二、解决问题的过程与方法

深圳市光明区光明小学(简称"光小")创办于1958年,是一所底蕴丰厚的老校。学校高度重视学生阅读和写作能力提高的培养,为了解决学生阅读量小和怕写作文的难题,在邓华香校长、董波主任两位高级教师的带领下,语文教研组全体教师从2014年9月开始开展了小学语文"1+N+1"读写一体化的教学研究,经过深入探索研究和广泛实践,取得了丰硕的成果。

(一)什么是"1+N+1"读写一体化

具体指的是:精读课文"1+2",教1篇精读课文,带2篇课外阅读文本;略读课文"1+N",教1篇(或多篇)略读课文,带多篇课外阅读文本;阅读教学"1+N",拓展N个阅读或综合性学习,再"+1",即加上写作教学。

(二)怎样开发"1+N+1"读写一体化的新课型

学校语文教研组立足日常教学实践和校本研修的教研活动,开展了一系列阅读教学与写作教学相结合的课堂教学研究。围绕"1+N+1"读写一体化的教学研究,阅读教学指向表达与写法,习作教学基于阅读展开,体现层次性,增强关联性,开发新课型。从下面几个课例中,可以看出"1+N+1"新课型的教学结构。

课例一

三年级教研组两位老师执教两节《太阳》群文阅读和说明性文章的写作指导课。这两节课组成一个相对完整的"1+N+1"读写一体化课型,采用"教结构,用结构"的长程两段式设计,"教结构"巩固总分句群知识,"用结构"提高学生的写作能力。

这两节课都展现了融通,做加法是容易的,融通是最难的。这两节课有创新和创生,特别是后面这个"1","1+N"这个混搭不新鲜,加上后面的"1"就有意思了,非常具有创生价值,展现了结构和推进。"1+N+1"的结构,前面这个"1"是突破口,是抓手,也是载体,"N"是拓展迁移,后面那"1"是综合提升。"1"和"N"习得的收获最终运用到后面的那个"1"里面,很有推进感,结构很清晰。

课例二

四年级教研组两位老师执教两节《爬山虎的脚》"1+N+1"读写一体化课型。第一节课引导学生阅读《爬山虎的脚》《牵牛花》《种一片太阳花》等文本,感悟作者的观察方法;第二节课带着学生观察与写作,将所学的观察方法和表达方法应用到习作中。

这两节课以观察为抓手,以单元为载体,体现教学中的观察与写作的一体化,以及文本与生活的一体化、方法与要求的一体化等。这些一体化,有抓手、有载体,研究更深入,呈现了课型研究上的新进展。

课例三

五年级教研组两位老师上的"1+N+1"读写一体化课型研讨课。第一节课与学生一起品析《慈母情深》《爸爸的花儿落了》《秋天的怀念》三篇文章,总结出人物描写的方法;第二节课另辟蹊径,带着学生观看公益短片《努力一点点》,引导学生描写短片中母亲的"细微之处",表达出母亲的爱。

课例四

六年级教研组两位老师上的"1+N+1"读写一体化课型研讨课。第一节课阅读教学《跑进家来的松鼠》,拓展《我与小鹦鹉》《冬蝈蝈》两篇文章,重在提高学生的阅读能力;第二节课引入视频《忠犬八公》,引导学生描写短片中小八对主人忠心的情感。

课例五

2019年9月,小学语文全面使用部编版新教材,给教师们带来了新的挑战。光小语文团队将部编版教材与光小特色的"1+N+1"读写一体化课型融通,四年级教研组开展"1+N+1"读写一体化的新教材教学研讨活动。陈颖祺老师执教《蝴蝶的家》阅读课,聚焦阅读策略,生成意识、结构意识明显;罗炳尧老师执教《小小"动物园"》作文课,关联"提问"策略,引导学生在习作中利用"提问"进行写作。两节课充分实现了阅读与写作结构关联的教学,提高学生的阅读和写作能力,得到与会专家、兄弟学校教师的一致赞赏。

（三）如何推进"1＋N＋1"读写一体化的教学研究

在"1＋N＋1"读写一体化的新课型逐渐成熟的基础上,我们进一步思考:如何在日常教学中深入开展"1＋N＋1"读写一体化的教学研究,不断挖掘新教材、新课型的育人价值,提升学生的语文学科素养?

1.研究新教材,整体架构"1＋N＋1"读写一体化课型

各年级备课组细致地梳理课型的育人价值、教学目标、教学过程的展开逻辑、教学方法、典型案例课例以及评价标准,对新教材按照不同文体、不同主题、不同方法、不同价值观进行分类,形成序列化的构建(见表2-3),从而实施重组教材的教学改革。

表2-3　语文教研组梳理教材分析表

序号	文体分类	课文内容	课时	教学目标重难点	教学内容	教学方法建议	教学实施过程	学科活动设计	育人价值
1			1.						
			2.						

2.拓宽研究领域,挖掘学科教学的育人价值

我们结合新教材及学生发展实际,从九个方面拓宽研究领域(见表2-4),依据教学具体内容,研究相对应的内容、方法、手段等,各年级备课组在立足日常的教研实践中,不断开发、充实、丰富语文"1＋N＋1"读写一体化的教学内涵和育人价值。

表2-4

序号	研究领域	研究内容与方法手段
1	年级学生特征分析	为"1＋N＋1"课堂教学分年段做要求
2	学生知识与能力发展水平	为"1＋N＋1"课堂教学分年段做要求
3	课标要求	包括课标要点、学生特点、教材重点
4	课程目标	包括倾听交流、识字写字、理解感悟、积累运用、拓展阅读、写作实践

序号	研究领域	研究内容与方法手段
5	课本内教学内容（"1+N+1"中的"1"）	单元整体设计,以文体为主,结合主题与作者进行分类重组单元教学。以一个单元为例,从备课至上课应包含如下内容:单元目标,教学篇目内容,教学目标、重难点,教学方法与教学建议,"1+N+1"课堂教学基本流程,育人价值挖掘
6	课外拓展教学内容（"1+N+1"中的"N+1"）	根据不同年段选择拓展阅读及写作内容;根据文章体裁（写人、记事、写景、状物、抒情、说理文等）选择拓展阅读及写作内容;根据主题和作者选择拓展阅读与写作材料,比如学习写景的课文,拓展阅读有关秋天的文章,写赞美秋天的习作
7	学科实践活动	常规积累,海量阅读,主题活动
8	课堂教学评价	专题评价,比如,书写、讲故事、朗读等能力测试,口语交际水平测试等。专项检测,比如,拼音过关检测,生字词、成语、阅读专项检测等。综合评价,比如,期末检测等
9	典型案例、课例	专家指导研究课例;专家评课纪要;名师教研案例等

3.备课组领衔教研,将"1+N+1"融入日常教学

为了全面推进"1+N+1"读写一体化教学研究,让每一位老师都参与,让每一个语文课堂都扎扎实实地开展"1+N+1"读写教学,提高课堂教学的实效,我们在各年级备课组实施了领衔教研制度。

以四年级备课组为例,四年级备课组首轮领衔教研,教师们团结协作,认真学习研究部编版新教材的教学内容和教学方法,按照"集体备课—教师上课—评课研讨—反思重建—撰写体会"的光小"五位一体"校本研修范式层层推进,有创新、有实效。备课组领衔教研,是在较大规模学校实施推广"1+N+1"读写一体化的教学研究,推动语文科任教师全员参与,将研究成果全面落实到课堂教学实践的有效教研方式。表2-5是备课组领衔教研的流程。

表2-5　备课组领衔教研流程表

时间线		节点事
第二周	周一上午	备课组召开集体备课教材分析会议,整理第二单元"提问"阅读策略的教材解读
	周二下午第一节	董波主任在四(2)班上单元导读研讨课,各班按教研备课进度推进第二单元上课
	周五上午	备课组讨论初建教学设计
第三周	周一	备课组二次讨论初建教学设计
	周二上午第一、二节	陈颖祺、罗炳尧老师试上磨课,邵校长指导,备课组整理评课纪要,讨论修改教案
	周三	陈颖祺、罗炳尧老师试上磨课,备课组开展小教研活动,修改教案、课件
	周四下午	陈颖祺、罗炳尧老师上视导课,开展"新基础教育"专家视导评课研讨活动
第四周	周二上午第一节	欧恋佳老师上重建研讨课
	本周	撰写教学实录、教学反思,整理专家评课纪要、重建教学设计,上交研究资料
第五周	周一上午第二节	王鑫老师上重建研讨课
	周一下午第一节	领衔教研活动小结,资料存档

三、成果的主要内容和创新之处

语文科组研究团队骨干教师在专家的指导下,不断开发"1＋N＋1"读写一体化的新课型,逐步形成了光小语文"1＋N＋1"读写一体化教学研究特色品牌。

(一)成果的主要内容

语文"1＋N＋1"读写一体化教学研究,意思是研究"1＋N＋1"的教学结构,推动阅读和写作一体化的教学,提高阅读和写作教学的质量。简单地说,就是在课堂教学中,以1篇精读课文教学,带N篇类课文阅读或综合性学习实践,拓展1篇习作教学。

通过立足日常课堂教学开展"1＋N＋1"读写一体化的课型研究,新课型更显结构感,更有推进感,教学目标整合了语文教学的内容与形式,阅读和习作放在"1＋N＋1"读写一体化这一课型语境下教与学,体现了教结构和用结构、教方法和用方法,教出了新的思路和新的收获。

"1＋N＋1"读写一体化,聚焦读写,融通教学,可以增量提质,有效提高了学生的阅读速度和阅读理解力,发展学生的语言表达能力和思维能力,可以有效地解决学生阅读和写作的双重难题。

"1＋N＋1"读写一体化,让学生爱上阅读,爱上写作,学生提高了读写能力,提升了语文学科素养。可以说,"1＋N＋1"读写一体化就是破解学生读写难题的金钥匙。

光小语文"1＋N＋1"读写一体化的教学研究,契合了当前语文教学的新常态,实现了课内与课外的融通、单篇阅读与多篇串读的融通以及读与写的融通。不同于国内盛行的"群文阅读教学""1＋X阅读课程""1＋X单元授课法""1＋N快乐阅读"等教学研究,光小开展"1＋N＋1"读写一体化的教学研究不是简单地做加法,该项研究的独特创新之处在于"聚焦读写,融通教学,价值提升"。这样的教学改革,有助于提高学生的阅读能力和写作能力,整体提升学生的语文学科素养。语文科组研究团队骨干教师在专家的指导下,不断开发"1＋N＋1"读写一体化的新课型,逐步形成了光明小学的"1＋N＋1"特色品牌。

(二)成果的创新之处

1.聚焦读写

抓好阅读和写作是提高学生的语文学科素养的关键所在。"1＋N＋1"读写一体化的教学研究,聚焦读写,指向语文学科素养,开展新课型研究,促进课堂教学改革的创新与创生。

2.融通教学

"1＋N＋1"读写一体化做到了融通教学。做加法是容易的,融通是最难的。"1＋N＋1"的结构,前面的"1"是载体,"N"是拓展迁移,后面的那个"1"是综合提升。而"1"和"N"习得的收获最终运用到后面那个"1"里面,展现了结构和推进,具有创生价值。

3.价值提升

"1+N+1"读写一体化教学研究,可以增量提质,有效提高学生的阅读速度和阅读理解力,发展学生的语言表达能力和思维能力。"1+N+1"读写一体化教学研究的育人价值,就在于立足日常教学实践,全面提高阅读教学和写作教学的质量,提升学生的语文学科素养。

四、效果与反思

小学语文"1+N+1"读写一体化教学研究,经过深入研究实践和实施推广,取得了丰硕的成果。

(一)成果的成效

光明小学邀请华东师范大学"新基础教育"专家团队来校指导教学研究,语文教研组实行五位一体和备课组领衔教研制度,大胆尝试单元重组教学,深入推动"1+N+1"读写一体化教学研究。"1+N+1"读写一体化的新课型研究成效突出,华东师范大学李政涛教授在每一次的视导评课中都充分肯定、充满期待。他说,光明小学"1+N+1"读写一体化教学研究,课型越来越成熟,不断突破,不断提升。

表2-6　专家对语文"1+N+1"读写一体化研究评价汇总表

序号	时间	上课老师	课题	李政涛教授评价
1	2015年5月9日	陈英如	《太阳》	这两节课都展现了融通,非常具有创生价值。前面一个"1"是突破口,"N"是拓展迁移,后面那个"1"是综合提升,而"1"和"N"习得的收获最终运用到后面那"1"里面,很有推进感,结构很清晰
2		朱颖蓉	"学写说明文"作文指导课	
3	2015年9月20日	徐绮婷	《爬山虎的脚》	光明小学的"1+N+1"这一个有创意的课型,以单元为载体,体现了一体化,有抓手、有载体。我们看到了光小在这一个课型研究上的新进展
4		董波	"观察与写作"作文指导课	

续表

序号	时间	上课老师	课题	李政涛教授评价
5	2016年11月8日	付 娟	《慈母情深》	这两节展现光小特色的课堂,目标整合了语文教学的内容与形式,阅读和习作放在"1+N+1"读写一体化的课型语境下教与学,教出了新的思路和新的收获。对光明小学的"1+N+1"读写一体化教学研究充满了信心和期待
6		欧恋佳	"人物描写"作文指导课	
7	2017年4月5日	黄 蕾	《秋天的雨》	这两节课教师都有强烈挖掘育人价值及教方法、用方法的意识。"1+N+1"中的"N"可以根据教学计划,选用不同的文体,可来源于课文,也可来源于外部。光明小学"1+N+1"读写一体化课型研究方向要持续聚焦,强化课型感,提升品牌感
8		陈英如	《远方》	
9	2017年12月7日	何红梅	《跑进家来的松鼠》	今天的教学用"1+N+1"的方式、读写一体化的方式来教略读课文,习作教学在对比当中学写法,体现开放、教结构和用结构、教方法和用方法
10		张丽秀	《忠犬八公》描写动物的情感作文指导课	
11	2018年3月14日	陈颖祺	《蝙蝠和雷达》	光明小学的"1+N+1"读写一体化课型越来越聚焦、越来越清晰、越来越成熟。两节课充分实现了结构关联的教学,整体衔接、推进并做到了学生的读写一体化,提高学生的阅读能力和写作能力
12		徐绮婷	"学写科普文"作文评讲课	
13	2018年5月14日	黄 蕾	《花钟》	这两节课结构关联,都关注语言文字,聚焦表达方式,很有语文味。光明小学的"1+N+1"读写一体化课型不断提升,不断突破
14		林小燕	《花开了》作文指导课	

序号	时间	上课老师	课题	李政涛教授评价
15	2019年6月6日	付 娟	《小嘎子与胖墩儿比赛摔跤》	这两节课关联性强,主要体现在:教学目标更聚焦;主线更清晰;教学有了长程设计;教学过程简洁;教学越来越开放
16		欧恋佳	"动作描写"作文指导课	
17	2019年9月19日	陈颖祺	《蝴蝶的家》阅读策略教学	光明小学"1+N+1"读写一体化课型实现了与部编版新教材的融通,做出了新的探索。两位老师的教学设计与课堂教学体现了单元整体教学的意识,研究团队教师深入思考阅读课的教学目标如何转化成写作课的目标,实现阅读策略教学与写作策略教学的转化
18		罗炳尧	《小小"动物园"》作文指导课	
19	2019年11月13日	黄 蕾	《雾在哪里》	两位上课老师能够关联"新基础教育"理念、新教材及学情分析,并深入挖掘课文的育人价值。这两节课关注语言形式,注重表达,教学结构清晰、难点对接、方法具体,写作教学的目标更聚焦,学生的写与评有清晰的要求做指导
20		陈英如	"段式结构"作文指导课	

　　"1+N+1"读写一体化教学研究,上了"1+N+1"读写一体化的专家指导下的研究课共52节,语文科组将"1+N+1"读写一体化的课例结集成册,编印了《光明小学"1+N+1"读写一体化的课例集》,收录了教学设计、教学反思和专家评课纪要,供老师们继续深入学习研究。我们的新课型研究涉及不同文体,覆盖所有年级。现在,光明小学"1+N+1"读写一体化的新课型落实到日常教学教研活动中,"阅读教学指向表达与写法,习作教学基于阅读展开"的教学结构深入每一位教师心中,落实到每一个语文课堂教学中。

　　光明小学"1+N+1"读写一体化的教学研究,经过5年的研究实践和实施推广,取得了丰硕的成果。近5年,语文科组教师辅导学生参加区级以上作文比赛获奖551人次,辅导学生发表优秀作文35篇。语文教师发表教学论文23篇,参加教学论文评比获区级以上奖35人次,参加教学比赛获区级以上奖61人次。语文教师立项市级课题3个、区级课题3个。其中,邓华香校长主持的"小学语文'1＋N＋1'读写一体化的教学研究"立项为2018年区级重点课题,于2021年5月结题并被评为光明区优秀课题;董波主任主持的"小学生创意作文的教学策略的实践研究"立项为2018年市级规划资助课题,于2021年6月结题。邓华香校长主持的"小学语文'1＋N＋1'读写一体化的教学研究"于2021年6月获批立项为广东省教育规划课题。《小学语文"1＋N＋1"读写一体化的教学研究》的研究成果,荣获深圳市第四届教育教学科研成果奖二等奖。

2019年3月22日,《宝安日报》《南方教育时报》等媒体发表专版文章,报道光明小学开展的"1＋N＋1"读写一体化特色教学研究。

光明小学"1＋N＋1"读写一体化的研究成果,吸引了不同地区兄弟学校来参观学习。比如,2018年10月18日,上海市闵行区明强小学领导与骨干教师团队来校开展交流研讨活动;2018年10月31日、11月8日,佛山市高新区教育局组织两批学校领导和骨干教师来校参加学习培训;2019年11月29日,韶关市翁源县实验小学一行21位教师团队来校参观学习。

江苏省常州市武进区雪堰中心小学,深圳市南山区南头城小学,光明区诚铭学校等,纷纷邀请光明小学到他们学校实施推广"1＋N＋1"读写一体化的教学研究,通过实践这样的教学改革,明显地提高了学生的阅读能力和写作能力。

(二)研究的反思

我们进一步思考,如何深入开展并推广实施"1＋N＋1"读写一体化?我们提出,还需要进一步论证"1"和"N"的逻辑关系,充分开发"N"的丰富内涵,深入挖掘光明小学"1＋N＋1"读写一体化教学研究的育人价值,让"1＋N＋1"读写一体化教学研究这张名片更清晰、更具有教学影响力。

"新基础教育"理论指导下备课观念的转变

——基于统编教材改革背景的分析

深圳市光明区玉律学校　刘玉霞

一、树立整体意识,由明确教学转向落实语文要素

整体意识在备课环节主要体现在系统构建。《义务教育语文课程标准（2011年版）》指出,教师在备课前要先有系统的知识体系,教师要对一至八年级的语文教材心中有数。这与"新基础教育"的整体意识是不谋而合的。在小学阶段,教师在备课前,首先要熟悉一至六年级12册语文书,熟悉教学任务和教学目标。而教学目标和教学任务的确定,要先有乾坤,再慢慢细化。

2021年,恰逢部编版教材改革,语文教材的编排告别了之前的"模模糊糊一大片",而是由单元主题和语文要素形成了"清清楚楚一条线"。因此,我们在备课前,需要由原来的确定教学目标和教学任务转向每个单元、每本教材的单元主题与语文要素,在教学中落实语文要素。简单来说,要熟悉12册语文书,了解小学阶段的单元主题和语文要素,再细化到一年的语文要素中;接着再细化到一年的上下册中,每一册要厘清八个单元中每个单元的语文要素;最后才是结合班级学情,细化到每一课的教学目标当中。将每篇课文组成不同的、由简单到复杂的结构链,基本上以结构为大单元策划教学内容的组织,使贯穿教学的认知主线呈现出结构的逐步复杂化。

学科教学

二、确立学生主体,由重心下移走向有效开放

学生主体主要表现在教学环节设计上的重心下移和课堂开放。首先是重心下移。重心下移主要指教学组织以学生为主体、教师为主导,这也是符合新课程标准中的新型师生关系的。重心下移还表现在权力的下放,如课堂的质疑权、提问权、评价权、总结权等。由唯一性向可能性、选择性和多样性开放,避免课堂组织形式、疑问方式、问题的答案以及解决问题的途径单一化;由确定性向不确定性开放。

统编教材改革,课文的编排不再以文体为主线,而以人文主题和语文要素双线并行。因此,之前教学中"教结构、用结构"的重心下移方式需要做出改变,课堂需要走向由"大问题"指导下的有效开放课堂。而课堂开放不仅仅指某种具体的课堂教学,也不是传统教学方法的简单的综合运用,其实质是把课堂看作师生互动的教学系统,并在时空上做进一步的延伸。一是要打破教师的垄断控制,实现权力下放;二是要打破教案意识,处理好预设与生成的关系;三是在教学中,教师既要基于预设中对学生的分析,又要不断地验证、调整和重建已有对学生的理解。学生主体就是要在开放的课堂中发挥课堂主人翁的作用,用权力下放的形式把课堂还给学生。

三、教学推进提升,在融通中实现育人价值

推进提升主要表现在教学环节的推进感、教学内容的提升点以及语文课堂的育人价值,三者融会贯通,相互依存。首先,在教学设计上要体现教学环节的推进感,从字词积累到阅读理解、读写结合再到口语交际联系生活和育人价值。其次,环节之间要有提升点,内容之间要有提升点,学生现在的学习与之前的学习之间也要有提升点。

育人价值是对学生生命的关怀,这不是抽象的关怀,而是具体的关怀,具体到学生在课堂上的每一个学习活动之中。"新基础教育"语文学科的育人价值还体现在三个层面:一是满足学生通过文字认识世界,表达自我、与他人交流,拓展精神世界的成长需要;二是打造中国儿童的汉语根基、精神根基和文化根基;三是有助于儿童形成言语个性与风格,发展以言语为核心的独特的精

神世界,观察和理解外部世界的视角与思维方式。总而言之,在教学设计上,环节要有推进感,内容要有提升点,课堂要有育人价值。

经过第一年的备课和实操,我有以下几点心得:一是不要贪多,一课一得足矣。二是在权力下放时,要有策略,把大问题分解成小问题,再综合下放,否则会耗时且学习效率低。三是要扎实,切忌形式花里胡哨,基础却不扎实,要做到心中有学生。

参考文献

[1]李政涛,吴玉如."新基础教育"语文教学改革指导纲要[M].桂林:广西师范大学出版社,2009.

[2]吴玉如.中小学生语文能力培养与实践[M].福州:福建教育出版社,2014.

[3]李家成,王晓丽,李晓文."新基础教育"学生发展与教育指导纲要[M].福州:福建教育出版社,2016.

"滚动式校本研究"有效促进教师自主发展

深圳市光明区原爱华小学　丘苑银

一、背景综述

(一)教师发展是时代需求

教师发展已成为当今世界教师教育的重要议题。教师自主发展是教师发展理论的新兴理念,不论是国际教师教育发展的总趋势,还是新课程改革的召唤和需要,以及现有教师师资培训中出现的弊端,都要求教师能够自主、自为地成长,即教师要寻求自主发展。基于以上背景,我们认为教师个体的自主发展具有现实的可能性与价值。"滚动式校本研究"的主要内容就是在"新基础教育"学科教学实践的基础上,对教师自主发展的现状进行调查研究,通过对教师自主发展实践策略上的探索,来促进学校教师的整体发展。我们从自主和发展两个概念的分析,得出教师自主发展的内涵:教师自主发展是以自我发展意识和需求为动力,通过学习、自我教育获得专业发展需要的知识和技能,能够支配自己的教育教学环境,制订符合自身的计划,使自己的教育教学能力不断提高,专业结构不断完善的过程。从终身教育理论看,自主发展是实现教师终身不断学习的要求;从新课程改革的角度看,教师自主发展能够更好地促进教师对新课程的理解;从教师自身的角度看,教师自主发展的需要和自我实现的需求使得教师能够在专业生涯中持续不断地发展与进步。这三个方面都体现了教师自主发展的重要性。从教育教学实践层面来讲,教师们已经具备的知识结构、认知方式是其自身持续不断发展的基础,现代信息技术的发展以及教师教育提供的外部支持都为教师自主发展提供了机会,使得教师自主发是可行的。

（二）学校发展的实践需求

教师发展不平衡。骨干教师对"新基础教育"有自主研究的能力，他们比较深地理解新基础的理念，学习力和转化力比较强，对教材的解读比较准确，而且学会了用"新基础教育"理念来分析自己和别人的课堂教学。同时，他们的研究也进入瓶颈阶段，遇到了新的问题——如何进一步挖掘学科的育人价值，将教材、教学和学生进行有机的融通？

学校年轻教师中教龄不足3年的有25人，不足5年教龄的有39人，占全体教师的66%。教学经验不足，学习的频次较少，综合学习能力与骨干教师存在一定的差距，现时还处于"有形无神"的研究模仿阶段。

二、组建骨干队伍，进行滚动式的学习

"滚动式校本研究"的基础是组建一支高素质、稳定的骨干教师队伍。我们结合爱华小学教师队伍的实际情况，从三个方面组建核心团队。第一，尽量保证每个学科项目有一名年富力强且有一定教学经验的教师；第二，选择上进心强、基础好的青年教师；第三，选择稳定性强的教师。我们把教师的稳定性放在首位，我们相信"滚动式校本研究"能够先把核心团队的教师培养成优秀教师，再把优秀教师培养成卓越教师，达到"滚动式校本研究"的目标。同时为了稳定核心团队出台了许多举措：一是给予足够信心，让教师们勇于挑战；二是搭建平台，让教师们大胆实践；三是提供保障，为教师们消除后顾之忧。

三、"滚动式校本研究"概念及理论依据

"滚动式校本研究"方式是上海闵行区实验小学提出的。这种校本研修方式主要是以学科为单位，充分利用组内各梯队教师之间的差异，通过学科组内不同梯队教师由上而下或由下而上的连续滚动式研究，以骨干教师的优质资源，引领第二、三梯队教师的发展，也以第二、三梯队教师的进步促进骨干教师更好地自主发展。爱华教师团队比较年轻，学校希望通过这样的组内研讨的方式，借鉴前辈们走过的路，更加有效地促进不同梯队教师的自我提升。

四、"滚动式校本研究"策略

(一)骨干教师进行滚动学习

1.高密度理论学习

学校利用多种途径、多方渠道对全体教师进行"新基础教育"理论学习和观摩:一是给学科项目组的每位老师备足备齐"新基础教育"理论书籍、学科指导纲要、《"新基础教育"研究手册》《回归突破》、八所实验学校成功经验等;二是定期在教研组内开展理论学习交流汇报会;三是学科项目组的老师全员参加区内"新基础教育"专家的专题讲座。通过高密度、多维度的学习,转变教师的思维习惯、拓宽教师的思维视野。

2.高频次现场观摩

为了让"新基础教育"理念更快、更好地转变教师的教育教学行为,3年来,学校研究团队1000多人次参加光明新区"新基础教育"研究五校共同体互惠学习,同时先后派出40多批次300多人次参与上海、常州、淮安和山东等新基础教育共生体的互惠学习。高频次的观摩学习,老师们在一次次的观课、评课反思、重建中不断了解了"新基础教育"理念下的课堂教学模式、教学评价体系、教研组织形式等;老师们在专家教授的一次次评课点拨中,不断深化了对"新基础教育"课堂教学的理解和运用。这为教师教学模式的转变提供了切实可行的参照系,为学校"新基础教育"研究的推进提供了坚实的依据。

3.高强度下水实践

"新基础教育"的三大铁律之一是实践。叶澜老师说:"老师发展需要不断地变革自身,而变革自身的动力,主要是自我发展、自我需求以及职业内在的尊严与幸福。"为了促进每一个孩子获得真实积极的发展而选择新的生活方式,主动变革、主动实践,我们提倡"新基础教育"实验骨干教师亲自下水、人人实践,在自己的实践中琢磨,借每一次研讨机会促进自己的成长。3年来,英语科组提供课例实践283节次;语文科组提供课例实践792节次;数学科组提供课例实践372节次;综合学科提供课例实践120节次;学生发展提供课例实践270节次等。高频次的学习让"新基础教育"理念不再停留在书面上和口头上,而是渗透在每一位教师每一天、每一次的教育活动中。

（二）梯队联动参与，实现滚动式的现场研讨

我们以骨干培养为抓手，辐射、引领全体教师梯队发展，在动态中培养教师。为骨干教师搭建教育教学研究舞台，逐步孕育"新基础教育"的领军人物。

1.做实关键节点，打造成长累进平台

学校以专家每一次视导作为关键节点，做好视导的前移后续工作。在专家视导前精心组织，先在项目组内开展骨干教师初建与重建工作，聚焦骨干教师成长，通过骨干教师的引领实践带动第二梯队教师稳步跟进，鼓励第三梯队教师逐步卷入，为不同层次的教师打造成长累进平台。

2."滚动式组内研讨"有效促进梯队教师的自我提升

我们借鉴上海闵行区实验小学提出的"滚动式校本研究"，开展"滚动式组内研讨"，以骨干教师引领第二、三梯队教师的发展，通过第二、三梯队教师的进步促进骨干教师更好地自主发展，有效地促进不同梯队教师的自我提升。第三梯队先初建，第二梯队再建，第一梯队重建。这种"三轮两重建"梯队研讨方式让教师们在一次更比一次好的基础上不断打磨，提升自我能力。

3."梯队联动，同生共长"有效促进教师团队成长

为了发挥第一梯队教师的集聚与辐射作用，着力打造第二梯队教师，给第二、三梯队教师创造更多在课堂教学中研讨锤炼的机会，从而建立起一支呈阶梯形分布，又不断由下向上攀升的结构合理的教师队伍。从以下几个方面来开展：①一对二。一个第一梯队的教师作为先行者带两个第二梯队的教师，使其在"新基础教育"研究的路上站稳脚跟。②一对多。备课组长引领整个备课组开展教研，辐射自己的学习和实践成果，同上研讨课，带领整个团队一起进步。③多对一。第三梯队的教师在解读教材、结构开放、捕捉资源等方面相对薄弱，为此，第一、二梯队的教师共同帮助第三梯队的教师，由多人帮助一人。通过梯队联动的方法促进教研组建设，消除部分教师内心的顾虑，用团队的力量弥补个人研究能力的不足，使教研组内的教师同生共长。

(三)搭建内外平台,推行滚动式的教研科研

1.导师引领

抓住促进教师专业成长的关键点,如核心对象、核心任务、核心环节,采取以点带面的策略,重点突出,整体推进,全面提升教师专业发展水平。以优秀教师为导师组建研究团队,以学校发展的重点工作为核心任务安排重点项目研究,以新教师成长的核心环节为重心开展教学微环节培训。

2.培训固本

针对教师专业成长的不同阶段,采取差异化的培养方式、培养措施促进教师专业发展,比如,品牌教师的培养以教育理念提升、教育智慧提炼、教学艺术形成为核心内容;示范教师的培养以教学质效提高、教学方式完善、教学风格形成为核心内容;卓越教师的培养需兼顾这两个方面的内容。

3.内部练兵

重视教师专业成长的互助特点,充分激发各团队的合作潜能,共同发展,全面提升。一是问题教研。每学年组织学科教研组长就教学中的难点和问题进行梳理,作为本学年学科教研的重点,进行研究解决。研究结果以专题总结的形式上交教师队伍发展中心。二是案例研究。以"新基础教育"基地校的3年研究为平台,加强每次专家视导的节点教研对教学个案的分析与研究,引导教师在个案研究中领悟有效教学策略。三是专题研究。以"新基础教育"基地校的3年研究为平台,加强每次专家视导的节点教研结合学科课题开展研究实践活动。

4.科研推动

鼓励教师在科研上有抓手,在教学上有创新,学校将积极为教师创造科研氛围,创设科研条件,努力让教师在科研上获取成绩。分层对教师的科研活动进行培训,扎实开展教科研骨干力量的培养与科研活动的指导工作,发展壮大教科研的力量。

发挥教研学科组的阵地作用,开展以行动研究和案例、课例、课题研究为重点的校本教研活动,使100%的学科组有集体研究项目,85%以上的教师自觉参与课题。以教育科研为载体,促进教师的专业化发展。

5.实验研究

通过"对话与协商"式的言说方式和"贴地"式的培养方式来放大骨干教师的亮点,激励点化骨干教师开展具有生命自觉的实验研究。

利用校内优秀教师资源,搭建教育教学研究舞台,进一步提升骨干教师的引领作用。第一梯队骨干教师每学期在教研组内开展"四个一"展示活动,即做一场"新基础教育"专题讲座,上一堂"新基础教育"示范课,评价一堂课,主持一次"新基础教育"沙龙活动。利用第一梯队骨干教师的成熟性研究课型,通过传、帮、带的方式,让第一梯队教师指导第二、三梯队教师进行课型的移植并深入研究,让第二、三梯队积极参与"新基础教育"实践的教师能充分参与到各项活动中,让研究进入日常。

学科教学

教研无痕,拔节有声

——青年教师成长之路

深圳市光明区光明小学　朱颖蓉

燕子去了,有再来的时候;杨柳枯了,有再青的时候;桃花谢了,有再开的时候……但是,时间匆匆过去,却不会重来了。我往讲台上一站,5年就过去了,回首这5年的教学,时而茫然,时而困顿,时而煎熬,时而豁然开朗……

一、初建:摸着"石头过河"

语文特级教师李镇西说:"你不能够把课上得精彩,但至少你要把教案背下来。"就是这句话激励刚刚站上讲台的我扎扎实实地开展教学工作。执教第一个月接到通知要上全区研讨课,来自上海的教育专家和区里其他学校的骨干教师都会来听课。我初站讲台,没有深厚的教学功底、没有丰富的课堂经验、没有从容淡定的心态,当时听到这个消息脑子一片空白,手足无措。所幸学校为我安排了一位经验丰富并且非常热心的指导老师,我在指导老师耐心的帮助下确定了课题,制定了教学设计。有了上课方向之后,我专心研读教材,大量观摩网上优秀课例,一遍又一遍地修改教案和课件,对着镜子反复模拟上课。我把教案背得滚瓜烂熟,顺利完成人生中第一次区研讨课,这一次的备课过程是很煎熬的,但课上得很生硬,因为我只跟着备好的教案走。

参加工作第四个月,我第二次参加区研讨活动。这一次上课是难得且珍贵的记忆,因为中国著名教育家叶澜老师走进了我的教室,至今我都不能忘记叶老师在课堂上给予我的鼓励。她坐在教室一旁认真听课,时而对我和班上的孩子们微笑地点点头,时而向我竖起大拇指。叶老师慈祥的面容、和善的目光、亲切的动作安抚了我紧张的心灵,每一次下放时间让学生进行合作学习的时候,我都会不安地朝叶老师的方向看看,而她总是给我一个肯定的眼神。不知不觉下课铃声响起了,那一刻我竟不想时间过得那么快,希望这节课可以上得久一点,希望可以再享受和叶澜老师同在一间教室的幸福。下课后,在教室门口叶老师给了我一个大大的拥抱,说:"姑娘,辛苦了!"随后叶老师拉着我的手站在教室走廊里给我评课,那一刻,我激动得竟一句话也说不出来。一位七十多岁的教育大家从上海奔赴深圳,走进小学课堂指导教学工作,这是对教学工作的热爱、对教育事业的情怀。初站讲台的我,能够得到叶澜老师的亲临指导,这是莫大的荣幸,是对我最大的鼓励,鞭策我日后上好每一节课。

有了第一学期试水的成功体验,第二学期我继续承担了两节区研讨课。这两次备课在指导老师的引领下,我也学会了有目标地收集适合自己的教学资源、摸索着制订适合自己班学生的教学方案、制作精美的课件PPT和教具。为了解学生在学习中存在的障碍,在科组大教研和备课组小教研的基础上,我翻阅教材和各类教参,通过学情调查,多方面分析学生预习情况,以便更好地开展课堂教学,激发学生学习的兴趣,调动学生参与课堂的积极性。

在摸索中,从按部就班、有条不紊地背教案到关注学生、灵活多变地备教案,欣喜地发现:课堂从一开始的沉闷,慢慢地变得活跃起来了!

二、重建:在跌撞中成长

从教第一年,从跌跌撞撞、懵懵懂懂的状态中走过来,有数位细心、耐心、热心的指导老师陪伴着我成长,陪我备课,教我上课。第一年就是我教学生涯的"初建课",只见雏形,却不成熟,亟须改进。从教第二年,我把上一年上过的课再上了一次,实现了教学生涯中的第一次"重建课"。带着一班学生从一年级到三年级小循环教学,在与学生建立良好关系的前提下,这3年的教研一直向前稳步推进,在不同的学段探索不同的课型(见表2-7)。

表2-7　承担区级研讨课一览表

教龄	班级	课题	反思成长
一年	一(3)班	《ai ei ui》(拼音课型)	1.第一年围绕"我想教"开展教学,第二年考虑"学生要学什么"。教师只是作为一个引导者,让课堂知识形成结构化。 2.对学情做出详细、准确的分析,并且找到相应的对策开展教学。在掌握学情的基础上,课堂的开放做到自然和自如的状态,找到学生的差异,转化为教学资源,避免了教师的替代
一年	一(3)班	《归类识字》(识字课型)	1.每上一次课都上了一个台阶,成长有台阶感。心态更加开放,教学中有结构意识,并且尝试探索课型。 2.在突发情况下顺利地上完研讨课,此后要吸取教训,提前做好两手准备
一年	一(3)班	《两只小狮子》(阅读课型)	1.挖掘教材独特的育人价值,在备课的过程中,潜心钻研教材,教学中设计了说话训练的环节,鼓励学生开动脑筋创编对话,深刻体会勤奋狮子的刻苦与坚韧不拔。 2.基于学情确定教学目标,根据教学目标推进课堂教学,无论是生字教学还是朗读指导,都能贴近学生实际,有方向、有层次地推进
两年	二(3)班	《望庐山瀑布》(古诗文课型)	1.在古诗文教学中重视朗读节奏,通过朗读、画面、音频、视频等方法引导学生体会诗中的意境。 2.为了提高自己的朗诵水平,向朗诵好的同事请教,从网上下载音频,每天反复地练习,从那以后养成了朗诵打卡的习惯
两年	二(3)班	《植物妈妈有办法》(儿童诗课型)	1.课堂做到收放自如,对学生的对话朗读和朗读表演都有了具体有效的指导方法。 2.抓住关键词进行说话训练,指导学生关注关联词,不仅有助于对课文内容的感悟,还能提高自己的表达水平,也为三年级从句到句群过渡打下基础

教龄	班级	课题	反思成长
三年	三(3)班	《海底世界》("1+N+1"读写一体化课型)	1.对"1+N+1"读写一体化课型的初步探索。引导学生写总起句和组建句群。 2.重视关联和结构,从一节课之间的关联到阅读与写作两节课之间的关联;结构意识从一节课迁移到两节课

在这3年的探索中,每一次的教研都让我的教学上了一个台阶,我的成长也有了台阶感。其间我始终遵循"教学有法,教无定法,贵在得法"的连贯、有序的过程,我与学生共同成长。

三、再重建:在"黑暗"中前行

从教第五年,我第三次教一年级,不同的是前两次教学用旧的人教版教材,而这一次使用统编版教材。在摸索新教材的同时,也让我经历了一次停电的区级研讨课。

上研讨课的那天早上,起床之后按了电灯按钮却不见光明,不安地收拾好资料匆匆赶往学校,寒冬的清晨伴随着倾盆大雨,脚还没踏进校门,已经遥望校园。当走进学校的那一刻我崩溃了,所有迹象告诉我:确实是停电了!准备的这节课有太多内容要靠课件展示,没电用不了课件,怎么办呢?一边抱着侥幸的心理:或许到我上课的时候会有电的;一边想办法如何在停电的情况下完成区级研讨课,这节课可是要面向上海的教育专家团队和区里骨干教师的。正当我手忙脚乱、心乱如麻时,身边同事的安慰和帮助让我镇静下来。同年级的王老师是一位"身经百战"的充满智慧的"军师",她叫我保持冷静,回忆课件中的所有内容,并且把需要展示的内容写下来,她还叫我找个没人的地方安静地看看自己的教案,熟悉教学流程,所有的准备工作他们去处理。接下来,王老师拿起卡纸和我写在便条贴上的内容去文印室、美术办公室请专业的老师写或者画在卡纸上,然后带领办公室的其他老师把卡纸贴上磁铁。正在紧张地准备教具时,校长找到我,跟我说明了特殊的情况,上午可能会一直没电,要做好两手准备,把课件中的内容尽量用卡纸做出来。校长亲切地叮咛:"你不要紧张,也不要有心理负担,保持冷静!"不到半小时,上课需要的所有教具、资料都准备好了,接下来就是考验我的课堂应变能力了。

上课前10分钟,我带着孩子们最喜欢的微笑走进教室,一切井然有序。我用微笑迎接走进教室的每一位听课老师和专家,并把40分钟的课顺利上完了。这一次的研讨课是在非常态下进行的,然而这也是一节回归语文本真的课,这一节课收获了听课老师们的称赞,也成为我教学生涯中最难忘的一课。

作为一名新老师,通过一次次的研讨课,看到自己的不足,在反复的重建课中弥补缺憾,在5年的教研中真切地成长,快乐地教学。

浅谈在"新基础教育"实验中的蜕变

深圳市光明区玉律学校　罗卓姬

自参加"新基础教育"实验以来,我的感受就像厨房里的调味料一样:酸甜苦辣都尝个遍,"新基础教育"让我体验了不一样的人生追求!

在参与实验的这一年里,拿现在的我和以前的我对比一下,确实感受到了不一样的变化。

一、备课的变化

过去,传统的课堂教学让我形成了许多习惯,习惯按照教材大纲内容和教材的教学目标为标杆进行备课,而现在就不一样了,"新基础教育"要的是让学生变为主动地参与学习。所以在上课之前,我就不能像以前那样单单以教参的教学目标为唯一的参考了,而是在上课之前先去了解每一个孩子的接受能力、年龄、行为特点、学习能力。比如在学习一个单元内容时,先知道他们对这一单元内容已经具备了哪些知识能力,在此基础上,思考如何帮助他们提升,还缺什么,困难、障碍是什么,我要用什么方法或策略帮助他们补缺的、解决困难障碍点,将这些课前的学情了解清楚,作为教学设计的依据。

二、课堂中的变化

长期以来,习惯于按事先预设的教案上课;习惯于讲预先想好的或写在教案上的话;习惯于学生默默地听、做笔记,不要节外生枝发问等,确保教案不折不扣地完成,教学设计更多地具有静态的特征。现在的课堂教学,是具有动态生成性的教学过程,打破教师垄断控制,把时间、空间和学习的各种权力下放给学生。我将从学生在学习过程中的反应中捕抓各种信息,并作为判断和调整教学过程的依据。

在课堂实践中,常常注重并培养学生学习的常规或个人性化的能力,如个性表达要完整、个性展练的能力、相互倾听能力、同桌合作、小组合作。

个性表达要完整。如学生在说话的开头说"请大家看到第几自然段",然后说出自己想表达的内容,当表达完思想内容之后会说"我说完了",或是其他相关的结束语。

个性展练的能力。低年级以识字为主,为了让学生自主识字,并把识字的好方法和全班同学交流,我会让学生上讲台讲解其对某些字或某个字在读音上、结构上的要点,把一个人的亮点变成全班同学的亮点。

相互倾听能力。比如在分析课文中某一具体内容时,会有好些学生提出各种各样的问题,然后由"懂"的学生来帮有疑问的学生解答这些问题;在提问和解答的过程中,学生知道,自己必须整个过程认真地听,不然就会提出重复性的问题。

同桌合作。根据实际情况,将同桌按一"强"一"弱"搭配,让"强"生在平常充当"小老师"的角色,在学习过程当中扶"弱",起着促进进步的作用。主要体现在:在某一具体学习任务之后,起到相互检查、相互补漏、相互督促的作用。

小组合作。目前我班的小组合作主要是四人为一个小组,也是以"强、中强、中、弱"为原则。在平常的学习讨论中,尽量避免替代现象,都是按以下顺序轮流发言:弱—中—中强—强。

三、课后的变化

以前,课后一般都在想着下一节新课,要怎样把知识传递给学生,现在变为上完课之后我的脑子就像放电影一样回想课堂上学生学习的情绪,他们语言中的每一个闪光点、障碍点,以及我在教学设计之中,原来想教什么,而实际上教了什么,学生实际学了什么等,然后把这些东西再好好地思考、总结,作为下次课堂设计调整的重要依据。

四、立足学生内需,创建课型研究

在光明区语文教研人员蒋寅辉老师的指导下,从我在课堂实施过程当中体现出的亮点中提炼出新的课型:"提问能力训练课型"。为什么要做这个课型? 它的依据是什么? 在以往的教学中,所有的问题都是由我来提出,学生只能被动应付。但是,语文教学不只是让学生能读懂、学透眼前这篇文章更要能独立有效地学懂文章。于是我就将培养学生质疑能力作为目的,培养学生自主、独立、创造的精神。学生具备了质疑能力,冲破旧有的语文课堂模式,构建新的、富有生命活力的课堂教学才有可能。教师替代学生思考、替代学生质疑才能避免,这也就是做课型育人价值的所在。

一开始,孩子们还不知道怎样去提问,我就将"提问能力训练"第一阶段的目标设计为:从课文中挑选自己读懂的内容,通过组织语言,设计成一个问题,来考考在座的同学。

第二阶段目标:针对课题进行质疑。

第三阶段目标:按照课文自然段的顺序,标注出自己不懂的词语或句子,进行提问。

第四阶段目标:结合课文练习题,提出拓展性的问题。

第五阶段目标:将学生提出来的问题进行归类,如课题、课文内容、课后练习题型的问题等。

学生提出问题需要经历一个过程:从课件阅读文本到理解文本(理解过程中会遇到不少问题,主要靠自我解答),然后筛选出不能自我解答的问题并标注出来。这时候孩子们标出来的问题会很多,难易都有,为了课堂时间不被浪费而又能解决每个孩子提出来的问题,我会让孩子们先小组相互讨论解决掉一些问题。解决不了的,由小组长汇报,从中提炼出核心问题,再次重心下移,把问题下放到小组讨论,让小组与小组之间进行交流,在交流碰撞中互动深化,老师及时地回应、反馈、捕捉、判断及时地将学生所提出的问题进行分类、整理和总结,形成提问的经验。

那么,在上这种课型之前,老师要做充足的准备:精心设计每次课堂讨论。老师课前对核心问题讨论的精心思考是提高课堂讨论效率的要点之一。一是要把答案想清楚。答题的思路是什么? 是否有几种不同的答题思路? 答案来源有哪些? 教材上提供了多少? 需不需要补充课外资料? 如何整理答案、表达答案? 二是把学生可能遇到的障碍、困难想清楚。学生可能有什么困难？需要补充哪些小问题帮助学生打开思路、梳理思路？三是把课堂讨论步骤想清楚。如何引导组织学生一步步走向总结？如何保证学生思考的时间？如何组织小组讨论？如何打开发言面？四是充分估计课堂讨论中可能出现的意外。讨论中学生偏题了怎么办？学生思路太乱、太碎怎么办？学生之间缺少互动怎么办？学生方面：培养学生课堂讨论的意识和能力。一是让学生清楚地知道自己是课堂的主人，是学习的主体，要主动、积极地参与学习。二是让学生清楚地知道大问题讨论对理解文体，对锻炼自己的思维、表达能力的价值。三是让学生清楚地知道讨论过程中相互倾听的重要，并自觉培养自己的倾听能力，培养边倾听边思考的能力。四是让学生清楚地知道大问题解答的思路和策略，讨论过程中能自动调整、完善自己的解答行为。五是把"如何开展有效课堂讨论"作为师生共同合作研究的课题，因为只有师生共同努力，课堂讨论低效的难题才能解决。

五、课型研究中的人的变化

经过一段时间的"提问课型研究"，惊喜地发现从群体的维度看到学生产生的变化：有效提高了学生学习的主动积极性，提高了学生的自信心，不再害怕自己会有出错的表现。越来越善于倾听、对比，并积极向他人学习以丰富自己；能够自觉地交流，交换意见，表达个人的想法；能认真听取同学的意见或想法；能平等对待与尊重他人。

虽然在研究提问课型研究过程中，孩子们自主学习的能力有了质的提高，学习的积极性活了起来、强了起来，然而在教育教学研究的路上是一个要不断更新、不断超越的过程，我与孩子们将继续在成长的路上。路漫漫其修远兮，吾将上下而求索。

"新基础教育"理念指导下小学古诗词
教学探究之心路

深圳市光明区马田小学　李　姝

有人说:人生既是一次旅途,也是一场修行。但面对这五彩缤纷的世界,漫漫长路的一生该如何度过,恐怕对每个人都是一个大难题。

我想到了当年青龙浦船上弥留之际的王阳明。当悲不自禁的弟子含泪问他:"老师还有什么遗言吗?"他尽力对弟子抚慰地笑了笑,让他不要伤心,然后以手指心艰难答道:"此心光明,亦复何言?"然后,他慢慢地闭上了眼睛。生活在这个纷扰复杂、浮躁喧嚣的时代,恐怕到最后,很少有人能如他澄澈光明、坚实安定吧?

我自幼年接触古诗词,套用一句戏文:墙头马上遥相望,一见知君即断肠。小学、初中、高中,我的语文书边缝上都密密麻麻抄写着一些古诗词。因为,我爱它们文辞优美,总想时时翻看翻看。后来,读大学我报考了汉语言文学专业,研究生再次研读中国古代文学专业,如今想来,我对自己的选择从来没有后悔过。

后来,我站上了三尺讲台。这是个人身份的一个重大转变,从学习者变成了教育者,从追随者变成了引领者。转变痛苦而漫长,我想把语文当年震撼到、感召到我的美呈现给我的学生,让他们也能如我当年一般浸润、领会、热爱。但我没有能力! 我既没有能力把这样的美呈现出来,也没有能力让学生去感受到! 于是,我只能在理论学习中、名师课例中、教学实践中、与其他老师的研讨中,一次次慢慢摸索。

直到我遇上了"新基础教育"研究,才走上古诗词专业发展的快车道。

我知道古诗词距离学生的生活较远,要让学生理解,就得帮助学生充分入境并沉浸其中。让古人的情感、美感化入学生的情感、美感中,为学生的精神世界打底。让学生丰盈诗情画意的想象,掌握学习古诗词的方法,真正做到化语成文。

在"新基础教育"研究专家的悉心指导下,几年来我不断钻研实验,上出了一些自己比较满意的课例,如《大自然的景语》《那年唐人喝过的酒》《宋诗两首》等。最关键的是,通过这几年的学习与思考,我更加深切地体会到"读书切戒在慌忙,涵泳工夫兴味长"的道理,更加明白了一切皆需从事上练过、知而不能行便是并不知的道理。这几年的学习与思考,也为我将来的治学打下了更加坚实的基础。我希望未来有一天,在我的帮助下,孩子们见到古诗词能够不再退避三舍,视为畏途,能真正感受到"山光照槛水绕廊,舞雩归咏春风香。好鸟枝头亦朋友,落花水面皆文章"那种境界。

然而我也常常自问,学习古诗词的目的仅仅如此吗?感受一下文辞之美?上出一堂好课?带领学生考出一个漂亮的分数?

我们的治学到底是为了什么?

我最敬佩的叶嘉莹先生说过这样一段话:"我是在忧患中走过来的,诗词研读不是我追求的目标,而是支持我走过忧患的一种力量……"叶先生一生经历过无数家国惨痛,也亲身体会过古典诗歌中的高洁和美好。作为中国古典文化的传灯人,她站在通往诗词王国的道路上,诲人不倦,度人无数,于浮躁喧嚣中引领众生回归本真。钱穆先生暮年双目失明、老病交加,还不断引用宋人胡宏名言教导自己的弟子:学贵大成,不贵小用,大成者参与天地,小用者谋利计功。南怀瑾先生一次又一次地强调:红尘炼心、红尘炼心。

我想这本是术与道的问题。以修习中国古典文化为路径来修炼自己的人生,达到圆融澄澈、坚毅通明。

高山仰止,景行行止。虽不能至,心向往之。

数学课堂的"开放式教学"

深圳市光明区原爱华小学　谢乙秋

"教与学在教学过程中是不可剥离、相互锁定的有机整体,是一个'单位',不是由'教'与'学'两个单位相加而成",所以课堂教学过程"互动生成"的基本分析单位不是"教",也不是"学",而是"教学"如何在开放性的课堂"互动生成"。

教学中的"互动",不仅是指教师与学生"一对一"或者"一对多"(全体或小组),还包括学生个体和群体、小组之间的各种教学活动。这是一种人人参与的网络式互动,作为网络中节点的每个人既是信息的接收者,又是重组者、传递者和生成者,教师和学生都处于多元变动的交互作用之中。

教学中的"生成",就是通过开放式的教学,开发学生的"基础性资源",实现课堂教学过程中学生资源的生成;再通过生生、师生之间的互动及交互的回应反馈,生成与教学内容相关的新问题"生长元",实现不同于教学设计原定内容或程序的新教学过程的生成;最后通过开放式的延伸,使教学过程得到进一步的拓展和生成。

一、开放式导入:资源生成

"良好的开端是成功的一半。"导入新课是课堂教学的重要环节,教师一般都非常重视导入环节,大多采用"温故知新""设置疑问""创设情境""表演实验"等方式,通过精心设置导言,激发学生的好奇心,引起学生积极的思维活动,使学生产生对新知识的强烈渴求。巧妙导课,可以紧紧抓住学生的注意力,一上课就进入学习状态。但现有的导课往往是站在教师的立场,从"教"的角度设计的。

课堂教学的开放式导入,不是教师单纯"教"的一个环节,而是"互动生成"教学的第一个层次,是后续开放、生成的基础和前提条件。新的教学过程的形成,首先必须让学生的内在能量释放出来,让他们在课堂上活起来,从原有的静听模式中走出来。

"万以内数的读法"教学片段

师:请大家读出下列各数:79 83 50 66 100 34

(学生先自由读,后齐读)

师:我们学过的百以内的数应该怎么读呢?

生:(相互补充,共同归纳)高位起,往下读;看数字,想数位;末尾0,都不读。

师:老师昨天请小朋友回家收集了一些有关万以内数的信息,请大家来汇报一下。

生1:我家去年用水452吨,是我妈妈告诉我的。

生2:太阳表面的温度大约是6000℃,我是从《少儿百科全书》上看到的。

生3:"9·11"恐怖事件中遇难的人数约是6453人,我上网看到的。

生4:昨天我家的电表度数是3002,是我自己看的。

……

师:(电脑上显示数位)自己轻轻地读一读。

万位	千位	百位	十位	个位
		4	5	2
6	0	0	0	
3	0	0	2	
6	4	5	3	

……

(学生轻轻地在下面读)

师:你在试读的过程中,有没有遇到不太会读的?

生1:第四个数我读得不太熟练。

师:你读读看。

生1:六千——四百——五十——三。

生2：第三个数我读得不太熟练。

师：你读读看。

生2：三千——零——二。

师：这个数有没有不同的读法？

生3：二千——零——三。

（学生哄堂大笑）

生4：我们中国人读数一般都是从左往右而不是从右往左，应该读成三千——零——二。

师：刚才小朋友说，有一些数还读得不太熟练，那怎么让自己读得既对又快？

（学生同桌两人边分、边读、边议）

从封闭的"复习铺垫"转变为开放性导入，是指在教学过程设计中创设面向全体学生的富有真实性和挑战性的问题情境。通过提出问题的方式直接引入教学，是为了引导学生以问题解决为任务驱动，使学生学习的内驱力得以激发。

这种"开放导入"使每个学生积极主动地参与，为师生积极有效地互动提供了思维涌动的原动力。如果没有学生积极参与的原动力和丰富的互动性资源作为前提条件，课堂上就不可能出现师生之间的有效互动，充其量是教师和学生的"接着动"，而不是"互动"。

在开放式导入阶段，需要注意：

(1)面向全体学生，有向开放，抛出"大问题"。

(2)还给学生独立思考"大问题"与交流的时间和空间。

(3)收集学生资源，进行资源重组，推进教学走向核心环节。

二、核心推进过程：过程生成

真正开放的课堂，要做到"放""收"有机结合，实现"有向开放—交互反馈—集聚生成"。这是教学的核心推进过程。"交互反馈"是伴随"有向开放"而生的一个步骤，它可以是"有向开放"基本完成的继续，也可以穿插在"有向开放"的过程中。"交互反馈"不仅可以激活各种新资源，而且可以初步筛选和提升已有资源的质量。

为了推进教学促进"过程生成",首先,教师要有渴望意料之外情况发生的开放心态,有了这种开放的心态,教师才有可能在课堂教学的过程中对"人"有深层次的关注;其次,教师对课堂信息要有一定的敏感度,努力倾听和捕捉课堂中生成的学生资源;最后,教师要对学生的信息及时进行分类处理,并做出准确的价值判断,向着"育人"目标实现的方向不断调整和形成新的教学方案。这样才有可能使教学的过程不断地得到生成和推进。

三、开放式延伸：拓展生成

总结也是课堂教学中的一个重要环节。教师应该利用好总结这个教学环节进行开放延伸,发挥它应有的教育作用。第一,教师要引导学生对自己课堂学习的状况进行反思。第二,教师要引导学生开展他评和互评,通过评价来唤醒学生学习的自我意识,通过评价来激发学生的情感体验。第三,教师要引导学生对学习的内容进行提升。提升不仅是梳理所学内容,还要对所学内容的方法结构进行提炼,而且把当下的学习内容与以往的学习内容相互联系。第四,教师还要引导学生对学习的内容进行拓展质疑。这个拓展可以从纵向和横向两个方面进行:从纵向来说,可引导学生猜想或联想所学内容是否可推广到一般;从横向来说,可引导学生猜想或联想所学内容在其他的状况或情境中是否适合、存在。把学生课堂的学习延伸到课后的思考和探索,而且可以延续到下节课或以后课的学习。从这个意义上说,开放式延伸不仅起着承上启下的作用,更重要的是以形成学生主动的猜想或联想意识和能力为目的。

开放式教学在小学数学课堂中的应用,从师生封闭的单向执行预设转换到开放的双向互动和动态生成,这是在教学过程意义上实现教与学、继承与发展、接受与创造对立的超越。互动生成是对教学动态性、不确定性的展开状态的刻画,它是对教学过程特殊性的本质反映。互动生成的目的不仅是帮助学生扫除学习过程中的困难与障碍,形成对知识内涵的丰富认识与体验,更重要的是发展和提升学生的思维水平,并形成学生元认知意义上的学习习惯和思维方式。而且,在促进课堂动态生成的过程中,教师的教学实践能力和教学智慧也将逐步得到提升。从更高层次的生命意义的角度来看,互动生成所体现的教育思想是对师生的人文关怀和生命尊重。

参考文献

[1]张向众,叶澜."新基础教育"研究手册[M].福州:福建教育出版社,2015.

[2]吴亚萍."新基础教育"数学教学改革指导纲要[M].福州:福建教育出版社,2017.

[3]常州市第二实验小学.万以内数的读法[A].吴亚萍,吴玉如."新基础教育"发展性研究专题论文、案例集(下)——教师发展学科教学[C].北京:中国轻工业出版社,2004.

[4]吴亚萍."新基础教育"数学教学改革指导纲要[M].福州:福建教育出版社,2017.

学科教学

"新基础教育"环境下小学数学教学的育人价值

深圳市光明区马田小学　龚东燕

传统的教学是以教师为主体的灌输式教学,学生被动接受知识,教师以多练习习题为主增强学生的数学成绩。现代社会的进步和发展,对教育提出了新要求,由于"新基础教育"思想教学的育人价值、重心下移、教学策略"三放三收"等观点的影响,要求教师在进行教学的过程中,要以学生作为教学主体,教师做好教学推进者,培养学生学习兴趣,增强学生的学习积极性和主动性,培养学生在教学中积极发现问题、分析问题、解决问题的行为习惯。在数学教学过程中,教师创设开放的问题,使全体学生都有思考的机会,获得新的成长,发展学生的内在推动力,努力提升数学教学的育人价值。本文以"新基础教育"环境下的小学数学课堂教学策略为主进行分析和探究,具体如下。

一、增强学生自主学习能力

传统教学模式中,教师一味灌输知识,学生学知识是在被动的情况下进行的,并没有对知识进行深刻的理解和掌握,所以学生对数学知识的应用能力很差。因此,在"新基础教育"数学的育人价值下,应对数学教学进行改革和创新,教师为学生创造能够自主学习的机会和平台,让学生通过自主探究和合作学习充分掌握数学知识;在"新基础教育"下数学具有育人价值的作用,教师不断培养学生的学习习惯和积极主动性。例如,在学习北师大版小学数学四年级上册第二单元第一节"线的认识"时,教师为学生准备从实物中抽取出的不同的直直的线,让学生通过独立思考找到标准,按照一定的标准进行分类,初步认识直线、射线、线段。学生在对比中体验、发现三种线的特征,加深对线概念内涵的丰富认识,形成比较和分类、概括和抽象的能力。整节课是使学生感知各种各样直直的线,比较每种直直的线都有不同的特征,知道具有两个端点不能延伸的是线段,有一个端点能向一个方向无限延伸的是射线,没有端点、可以向两个方向无限延伸的是直线。学生经历自主探究过程能够加深对线知识的认识,还能够不断增强学生的自信心,提升学生的思维品质和数学素质。

二、与实际生活相结合

学生只有通过实践操作,才能够充分地掌握数学知识。数学知识来源于生活,也应用于生活,因此,教师要注重对学生的数学知识实际应用能力的培养,在讲解数学知识的时候将知识与实际生活有机地结合在一起。传统的数学教学是教师一味地讲解知识,学生缺少实际操作和动手机会,即使教师讲解的次数很多,还是会出现一些同学不能充分理解的情况。所以,根据"新基础教育"下数学重心下移的教学策略,教师要在教学中为学生提供能够实际操作和动手的空间,将知识和实际生活联系在一起,加深学生对知识的掌握和认识。实际生活例子的引入能够吸引学生的注意力,激发学生的学习兴趣,提升学生的学习积极性,学生亲自动手操作能够加深理解。例如,在学习北师大版小学数学二年级下册第二单元"长方形与正方形"时,从研究长方形"角"入手,让学生观察发现,形成猜想。在枚举验证的过程中,学生动手操作,学生可能采用多种方法对猜想进行验证,可能会用直角三角尺去量,也可能将角两两重叠或者四个角重叠在一起,证明长方形的四个角都是直角。接着研究长方形"边"的特征,学生用测量或者重叠的方法进行验证。引导学生根据长方形研究的过程与方法结构主动研究正方形。最后总结拓展我们是怎样研究正方形和长方形的?如何猜想?如何验证?利用这种方法还可以研究什么图形?启发学生去发现、去猜想、去验证,让学生经历不完全归纳的过程,培养学生的研究意识和能力。学生亲自动手实践,能够加深印象,促进学生学习,不断提升小学数学的育人价值,为学生未来的发展奠定基础和保障。

学科教学

三、创建合作交流机会

为实现"新基础教育"下互动生成、资源生成、过程生成、拓展生成的教育目标,教师在数学教学中要有效地为学生创建能够合作交流的机会,发挥自身引导者的作用,引导学生积极参加到教学活动中,活跃课堂氛围,让学生在合作学习过程中,能够对知识进行独立思考和研究,积极发表自己的看法;通过小组合作学习增强知识的理解程度,学习其他学生的思考方向和解题思路。教师要积极引导学生通过学习对数学知识进行拓展,丰富数学知识。教师要鼓励学生积极思考,并将内心想法勇敢地表达出来,增强学生自信心,提升学生团结协作的精神和自主学习思考的能力。例如,在学习北师大版小学数学五年级下册第五章"分数混合运算"时,教师要将学生根据发展特点、学习情况和其他因素分成不同的小组,为学生提供相应的分数运算题,让不同的小组对不同的运算题进行研究和探讨,解决分数混合运算题。教师可以简单提示学生,学生通过整数混合运算的方法总结出分数混合运算的规律,而且学生已经掌握了分数的加减乘除运算,只要通过合作学习找出规律,就可以解决分数混合运算了,在合作学习过程中,学生能够积极踊跃地表达自己的观点和看法,活跃课堂氛围,激发学生学习动力,提升小学数学的教学效率。

总而言之,在"新基础教育"环境下,通过学习数学知识的过程,通过与实际生活相结合,创建合作交流的机会,能够提升学生的数学学习能力,激发学生的学习兴趣,调动学生的学习积极性和主动性。通过种种方法培养学生的自主学习能力和合作精神,增强学生自主发现问题、分析问题、解决问题的能力,提升学生探索和学习的能力。小学数学教学才能实现促进学生成长发展的价值,学生也才可能从中不断丰富和完善自己的生命世界。

参考文献

[1]张海晶.新课改环境下对小学数学运算教学的思考[J].读写算:教育教学研究,2011(72):46-84.

[2]贾淑娟.新课改环境下对小学数学运算教学的思考[J].新课程(小学),2012(5):12.

[3]吴亚萍."新基础教育"数学教学改革指导纲要[M].福州:福建教育出版社,2017.

"新基础教育"视野下的数运算教学及其结构化设计

深圳市光明区马田小学　　赖静仪

2000年,教育部颁发了《国家数学课程标准》,新一轮课程标准的制定预示着新一轮课程改革的开始。我国对数学教学的目的和性质进行了重新思考与定位,提出了当代数学教学变革的价值追求和总体目标,即坚持以学校教学促进人的生命成长和实现人的主动发展,从教育学的立场和角度出发,明确数学学科的教育内涵,开发蕴藏在数学教材文本中的丰富育人资源。那么,传统的小学数学数运算课堂教学具体折射了怎样的问题?我们又该如何挖掘其中的育人价值?采用的相应的教学策略是什么?这些都将是本文论述的主要问题。

一、数运算教学的问题所在

(一)为计算而计算的教学

一直以来,数运算教学都是小学数学教学中的重中之重,却得不到太多学生的青睐。原因是教师在教学中常常为了让学生掌握计算方法而教学。在运算课教学中,我们经常会看到教师通过机械重复、大量题目的训练,以确保学生计算结果准确无误和提高计算速度的现象,这不仅忽视了学生经历算理和算法的过程的重要性,还不利于学生运算能力的形成。

(二)为方法而方法的教学

所谓的为方法而方法教学,指的是对当前所提倡"算法多样化"的要求产生了误解。"算法多样化"是希望让不同层次的学生都能够找到适合自己的计算方法,进而提升学生的计算能力,实现学生思维的发展。然而,部分教师将侧重点放错了位置,认为算法多样化的重要之处是"多样",进而忽视了背后"有效"的重要性,导致在教学中难以有学生思维水平的真实提升。

在教学中,老师容易割裂了口算、估算、笔算和简便计算的直接联系,如题目中要求估算,教师才让学生估算。但实际运算中,估算和计算是无法割裂的。所以教师应当在教学中引导学生能够自主地根据具体情境区域选择恰当的算法。

二、数运算的知识结构及其育人价值

首先,数运算知识的发展是伴随着数概念的发展而发展的,所以数运算的算理形成的最基本出发点是依据数概念的基本单位及其组成。从数运算知识纵向角度来看,有三个层次的联系:①整数(自然数)范围内数运算的三次循环性的认识过程;②整数范围内数运算的三次组合性的认识过程;③整数范围内数运算内部的三次规律性的认识过程。从数运算知识横向角度来看,不同数范围内的数运算之间有三次结构性的认识过程:小数范围内的数运算结构、正负数范围内的数运算结构和分数范围内的数运算结构。数运算知识之间的横向和纵向角度的结构关系为学生主动进行结构迁移提供了前提条件。

其次,数运算就其形式而言,主要有口算、笔算、估算和简便计算。它们之间具有密切相连的内在关系,教育中不能将四者的关系进行人为的割裂,而是要以相互融合、有机渗透、有主有次的方式体现它们之间的内在联系,从而帮助学生学会结合具体的情境选择适合的方法进行灵活运算,使学生能够对数学算式建立基本的敏感,提升学生灵活和敏捷的思维品质。这样就有可能发挥数运算教学的载体作用,从而使"重中之重"的育人目标得以凸显和具体落实。

三、数运算教学的基本原则

在数运算教学的知识结构及育人价值的基础上,提出了数运算教学的基本原则和具体要求。

(1)对于整个教学阶段的层面来说,教学要体现数运算知识之间关系沟通的原则,注意引导学生从整体上沟通不同数范围、不同运算之间的联系。

(2)对于整个教学单元的层面来说,教学要体现融合渗透的原则,注意引导学生从整体上把握与沟通口算、估算、笔算和简便计算之间的内在联系。

(3)对于单元起始课教学的层面来说,教学要体现整体进入的原则,注意引导学生整体认识和把握单元教学运算内容的各种类型。

（4）对于日常教学的层面来说,教学要注意体现灵活运用的原则,注意提供学生恰当判断与灵活选择算法的机会,帮助学生建立判断与选择的自觉意识。

四、数运算教学的结构化设计

上文已经提到数运算教学中存在的问题、教学原则及要求。接下来以"小数加法"一课为例,浅析数运算教学中笔算教学的基本结构化设计。

（一）单元起始,整体进入

常规积累:①说说小数的组成,整数加法的计算方法。②对类型的认识:小数＋小数;整数＋小数;小数＋整数。

小数加法是小数运算单元的起始课,教师要注意让学生先整体感悟小数加法的各种类型。

（二）选择个例,探索算理,丰富路径

小数加法的教学主要是教学结构阶段,而小数减法、乘法和除法的教学则是运用结构的阶段,因此教师在小数加法算理探究环节要深刻其本质内涵,从而使学生形成举一反三的能力,提高思维品质,这样学生就可以运用同样的方法结构主动地学习小数减法、乘法和除法。根据研究个例"4.75＋3.9=　　",注意启发学生。加深学生对算理的理解,从而实现算法与算理的有机结合,这也是数运算教学最重要的环节。

（三）枚举练习,归纳法则

根据环节二得出的算法,通过一定量的枚举练习,从而概括出小数加法的计算法则。

（四）灵活判断,选择算法

学生根据具体情况,灵活选择算法（四算融合）。

以上环节便是"新基础教育"视野下数运算教学的基本结构。

五、小结

综上所述,数运算教学是育人的载体,教师切忌将学生当成做题的机器,而是要发挥教学载体的作用,努力开发教学中的育人资源,从而促进学生自主地学、有效地学、快乐地学,让学生的数学思维、数学能力都能得到不同的发展。

基于小学数学建模课型育人价值的思考

——以北师大版五年级上册第五单元 "找最大公因数"的教学为例

深圳市光明区马田小学　赵兆炯

本文所指的小学数学建模课型是以小学数学中常见的经典问题（如植树问题、烙饼问题等）和数量关系问题（如归总问题、和差问题等）为研究的对象，而这类"解决问题"的知识点往往分散于小学数学各年段的教材中，但对于培养学生解决实际问题的能力具有非常重要的作用。因此教师要明确该课型独有的育人价值，归纳总结出在教学过程中的一般方法和策略。

一、传统建模课中存在的问题

(一)重视结论的掌握,忽视解决问题的方法

新课标指出："有效的数学学习活动不能单纯地依赖模仿与记忆，动手操作、自主探究和合作交流是学生学习数学的重要方式。"在传统建模课型教学中，大多数还是以教师讲解为主，学生只要理解并通过不断练习该类型的题目，从而达到熟练的程度便可。这样不利于培养学生的操作能力、逻辑思维能力和多向思维。教师要把探究、发现、质疑等权力还给学生，让他们真正了解结论产生的来龙去脉。虽然从教学效果来看，大部分学生都会做该类型的题目，但是禁锢了学生思维的发展，更不用谈如何让学生掌握数学思想方法。

(二)关注结果的呈现,忽视知识形成的过程

在教学中，老师为了尽快得出结论，往往会让班里面的"学霸"来回答问

题。而这些"学霸"的答案往往就是老师想要的结果,这种"优生替代"的行为在教学中是不可取的。这样的做法会让班级里的部分学生失去探索知识的欲望,无法体现小学数学建模课独特的育人价值。

(三)强调书写的规范,忽视语言表达能力

教师在教学上都会规范学生的书写,但往往忽视了学生语言表达能力的培养。其实在现实生活中,人们常常借助语言表达来分析解决问题。倘若一个学生的思维非常清晰,那么他的语言也是非常明确的。因此,教师在课堂上要鼓励学生大胆发言、各抒己见,让学生敢说、多说和会说。

二、建模课型育人价值的重新认识

根据数学建模课探究的对象与任务、过程与方法的特点,学生可以从问题出发,通过观察、测量的数据记录或类比等多种路径形成猜想,运用实验论证、推理论证、分类枚举等多种方法进行探究,从而获得结论。利用这个过程,既可以帮助学生了解和掌握数学规律探究过程的方法结构,为学生的合理猜想提供框架支撑,提升学生合理猜想的意识与能力;也可以帮助学生掌握分类枚举、实验论证和推理论证等研究方法,为学生进行规律探究提供多种思维策略和路径,从而培养学生的实践能力、逻辑思维能力和解决问题能力,渗透数学的基本思想方法,积累数学的基本活动经验,并提高学生学习的积极性和语言表达能力。

三、"找最大公因数"教学中的具体策略

(一)抛出"大问题",发现学生障碍点

抛出"大问题"可以使课堂呈现"板块式"结构,更具思维的开放性和活动体验丰富性。因为"小问题"压根不能成为一节课的核心问题,学生回答往往是不需要经过探究或者太多思考便可以解决的。因此,在课堂上教师可以抛出"大问题",发现学生学习的障碍点,通过适当的引导让学生自己寻找解题的思路和方法。例如,在"找最大公因数"的导入环节,老师可以抛出"大问题":你能想办法找到8和18所有公有的因数吗?大部分学生会用到一一列举法,但是班级里也有一些孩子会用到"写小找大法"或"写大找小法"。这时候老师

不要通过一个例子就说哪种方法最好,而是可以接着点拨:如果是8和180,这时候你还用——列举法吗?同学们就会发现使用列举法过于麻烦,可以先从较小数的因数中寻找较大数的因数。让学生从已有知识中产生新的成长点,迫切地去寻找更加优化的方法。

(二)由一般到抽象,经历探索发现的过程

在核心问题的推进当中,教师要让学生经历主动探究的过程,这不仅是学生的知识在生长,方法也在知识生长的过程中得到凝聚与提升。如"找最大公因数"教学中,老师让学生枚举验证:请在20以内找出任意的两个非零自然数;试试看,能不能找出它们公有的因数,并看看能不能找到最大的一个。从有限的例子中提出猜想,再通过大量的举例来验证猜想,并有意识地注意数的范围,最后归纳出结论,这一环节旨在让学生经历完整的不完全归纳过程,掌握解决问题的一般方法结构。

(三)合作交流,深挖数学育人价值

新课标的总目标提到通过义务教育阶段的数学学习,学生逐步会用数学的语言表达现实世界。因此,教师在课堂教学中要给予学生给更多机会去交流和表达自己的想法。如在"找最大的公因数"总结反馈环节,教师可以让学生在小组里交流自己的想法,对今天所学的知识进行归纳、整理和反思,让零碎的知识点和认知过程形成一个完整的知识体系,这无意中让学生经历了探究的全过程。

(四)拓展练习,提升学生思维品质

在学生探究"解决问题"后,教师可以恰当地设计相应的练习,使不同程度的学生都能获得不同的发展。在"找最大公因数"这一课时中,教师不仅可以设计基础练习、变式练习和综合练习,还能让同桌相互出题考考对方,激发学生的学习兴趣,培养解决问题的能力,提升思维的品质。

参考文献

[1]中华人民共和国教育部.义务教育数学课程标准解读(2011年版)[M].北京:北京师范大学出版社,2011.

[2]吴亚萍."新基础教育"数学教学改革指导纲要[M].福州:福建教育出版社,2017.

小学数学学科育人价值实现路径的探索与分析

深圳市光明区马田小学　麦俊杰

在传统应试教育背景下,教师将基础知识的传授作为教学中的重点,忽视了数学的育人价值,使得成绩的高低成了评判学生优劣的唯一标准。在强大的学习压力下,学生不得不埋头苦读,每天都是在想方设法提高自己成绩的过程中度过,这样就削弱了学生人际交往的能力。教师作为学生成长路上的领路人,要注重学生综合素质教育,不仅要让学生掌握数学知识,也要在教学中开展德育教育,从而培养学生良好的生活习惯,促进学生高尚道德情操的养成。小学数学教师要重视数学育人的价值,将育人作为教学工作中的重要目标之一。本文从教育标准对于数学学科实现育人价值的要求和数学教师在教学中落实育人价值的路径两个方面,对数学学科中育人价值的问题进行了较为粗浅的探究学习。

一、数学学科中育人价值要求的具体体现

"新基础教育"研究主持人叶澜教授在1994年首先提出了"新基础教育"的育人目标:培养"主动、健康发展"的时代新人。数学教学中要通过以知识学习为载体、为资源、为手段,服务于"育人"这一根本目的,把"教书"与"育人"统一起来,通过"教书"来实现育人目标,"育"健康、主动发展的人。

(一)目前存在的问题

1.把"育人价值"等同于"德育"

有教师会认为在课堂里渗透爱国、爱树木、安全教育、数学发展史等就是育人价值,这充其量只是在课堂里渗透了"德育"。

2.把"育人价值"等同于把符号化的知识传递给学生

知识是社会物质资料再生产和人类自身再生产的过程中不断被抽象出来的。如果教学就是要完成将这些抽象出的符号化的知识进行传递,那么学生就只为学习这些知识而存在,教师只为教这些知识而存在,"育人价值"也就局限在现成知识的掌握上,容易让教师把教学重难点放在让学生理解记忆上,忽视数学知识被发现、认识、发展的过程本身;忽视学生需要参与知识形成过程的生命实践体验;忽视学生需要通过自己的生命实践活动,提炼抽象的形成知识过程,造成数学教学中"育人价值"的资源贫乏。

(二)数学学科实现育人价值的具体体现

育人价值是指每一门学科可能对学生的身心、精神世界、个性、人格、思维方式等产生的积极和发展性的影响。而数学学科强调两个方面的价值:一是数学学科独特的价值;二是不同内容具体的价值。

数学学科的独特价值除了对数学知识本身的掌握以外,还体现在:

(1)帮助学生提升思维品质和数学素养;

(2)帮助学生学会抽象的符号表达和提高数学语言表达的水平;

(3)帮助学生建立猜想发现和判断选择的自觉意识;

(4)帮助学生形成主动学习和研究的心态。

通过以上几点,构建一种唯有数学学科学习中才有可能经历、体验和形成的思维方式,从而实现数学学科与学生生命成长的双向互化。

二、数学学科实现其育人价值的相关路径

"新基础教育"研究明确提出了学科独特育人的两个基本策略。

一是教材"结构加工策略",即开发教材知识关系形态中的育人资源,分别从条状重组、块状重组和条块融通三个方面对教材文本进行结构加工,对点状断裂的"碎片化"书本知识进行"修复",使知识呈现出整体的"结构态"。

二是教材"生命激活策略",即开发教材知识过程形态中的育人资源,通过书本知识与学生现实生活、与学生个人经验、与人类生命实践沟通的方式将凝固的"符号化"书本知识"激活",使知识呈现出鲜活的"生命态"。而这些都体现了前人的经验、体验、智慧、创造、思想等,蕴藏着丰富的育人资源。

数学学科具有其自身不可消泯的思想教育本质,而作为小学教师,在教学时,一定要善于对这种本质进行挖掘,从而通过各种有效的手段,来推动教学育人价值的顺利实现。

参考文献

[1]叶澜.教育研究方法论初探[M].上海:上海教育出版社,1999.

[2]吴亚萍.小学数学教学新视野[M].上海:上海教育出版社,2006.

[3]吴亚萍."新基础教育"数学教学改革指导纲要[M].福州:福建教育出版社,2017.

[4]李家成.关怀生命:当代中国学校教育价值取向探[M].北京:教育科学出版社,2006.

优化过程结构,挖掘育人价值

——听吴亚萍老师《小学数学建模课型教学》讲座启悟

深圳市光明区马田小学　侯少兰

2018年12月19日,聆听了吴亚萍老师给我们带来的《小学数学建模课型教学》讲座。吴老师结合"相连问题""图形中的规律""烙饼问题""包装问题"等具体案例对建模课型的育人价值、教育思想、基本原则和教学过程结构等方面展开阐述,让在座的老师听后收获满满,特别是对建模课型结构及其育人价值方面有了更深刻的认识和启悟。

建模课型是指常见的数学经典问题,如间隔问题(植树问题)、假设问题(鸡兔同笼问题)、次数问题(握手问题)、省材问题(包装问题)、省时问题(烙饼问题)等。这些内容主要散见在教材的"数学广角""智慧广场"或"数学好玩"中。这些对学生在代数学习和过程经历中有育人价值的小学数学经典问题,根据其教学建模的过程特质和形态,命名为小学数学建模课型。下面从它的教学过程结构和育人价值方面谈谈我的认识。

一、优化建模课型教学的过程结构(推理)

有序推理归纳建模课型的教学过程优化概括为下面的教学流程:

大数目	化大为小	归纳推理	运用模型
问题引入	有序研究	建立模型	解决问题

第一环节:大数目,问题引入。这是数学建模研究的起点。课的开始就提出开放的大问题,这样体现建模的必要性,激发建模的需求。如"烙饼问题"中提出:"可以同时烙2块,两面都要烙,每个面烙3分钟,那么烙2013块需要多少时间?"又如"计算比赛场次"提出:"100支球队参加比赛,每2支球队之间都要进行一场比赛,一共要进行多少场比赛?"很明显,这些都是一个大数目问题,学生面对这些问题都是不知所措的,这就需要教师去激发探究建模的需求,认识到研究这种数学问题的好处。

第二环节:化大为小,有序研究。这是数学建模研究的重点。开始就解决大数目问题显然是困难的,这时就需要运用转化的思想。教师要引导学生遇到诸如这样复杂的问题可以化繁为简、化大为小,从简单的小数目入手,由易到难,接着引导学生有序研究。小学生正处于形象思维向抽象思维过渡的时期,在思考问题时往往缺乏有序思考。而缺乏有序思考,就难以在探究过程中进行有序研究,不利于后面发现规律、归纳推理的数学活动。因此,经历有序研究就显得尤为关键。例如,学习"相连问题"时,学生在数学研究过程中感受一个变量使另一个变量有序变化从而发现并获得结论的过程。因此教师要有意识地帮助学生经历有序研究。如"相连问题"通过化复杂为简单、化大为小,首先将问题研究的相连天数与总天数确定为2开始研究,通过对相连天数不变、总天数有序变化的研究,当总天数确定为n时,推理得到数量关系,用字母表示为n-1种选择。其次是对相连天数进行有序变化的研究:当相连天数为3、总天数为n时,数量关系用字母表示为n-2种选择;当相连天数为4、总天数为n时,数量关系用字母表示为n-3种选择······最后通过归纳推理抽象建立数学模型:当相连天数为m、总天数为n时,数量关系用字母表示为n-(m-1)种选择。其中在确定了从最小的相连天数为起点开始研究后,教师按顺序引导学生从相连3天、4天、5天——经历有序研究。再如,学生学习"省材问题"时,面对"一个长方体长3分米,宽2分米,高1分米,这个长方体的表面积是多少?那么10个这样的长方体包装在一起,可以怎样包装?需要多少材料呢?"的问题时,教师先引导学生从较小数据开始研究:10个太多了,我们可以化大为小,先从2个开始研究。在学生研究2个的省材问题时,发现重叠大面最省材料的方法后,学生能够掌握并运用前面研究2个的过程方法自觉接着研究3个、4

个……通过经历这样的过程来感受有序研究的重要性。如此一来,学生化大为小、有序研究的思维便可在这样的建模课型中逐步得到训练,进而能够掌握方法,自觉开展相关研究。

第三环节:归纳推理,建立模型。这是一个从具体问题出发,归纳和抽象出普遍存在的一般规律并建立模型的过程,教师要尽量鼓励学生用自己的语言表述自己研究获得的结论。在归纳概括结论时,要鼓励学生在需要时学会运用符号来表达数量关系,让学生看到用符号表示数学模型的价值所在。

第四环节:运用模型,解决问题。运用建立的模型去解决大数目问题或变式问题,这是数学建模的实践意义。从现实情境中抽象出数学模型,也就说明建立数学模型是为了解决现实生活中存在的数学问题。

最后进行总结和拓展:引导学生进行学习和思维方法的总结;学会用整体眼光和思想解决新问题。

二、深度挖掘建模教学课型研究的育人价值

以上的过程结构体现出建模课型教学的育人价值:经历化大为小,以小见大,学会主动转换灵活求变;经历有序研究寻找规律,掌握方法自觉开展研究;经历归纳概括抽象结论,感悟化归、符号、函数思想(在日常教学中感受字母符号的丰富作用;在辨析比较中认知字母符号的深刻意义;在相互转换中体会字母符号的代数思想)。建模教学的数学思想与方法以内隐的方式融于数学知识的体系中,作为教师,我们首先要清楚地认识到教材中的这些数学建模内容所蕴含的数学方法,明白这样的育人价值对于学生成长发展的意义,充分挖掘并开发,在日常教学中以适当的教学方式呈现,帮助学生经历知识发生发展的过程,让学生参与"知识的再发现"。经历探索的步骤,积累观察、发现、猜想、验证、归纳的经验从而内化,在以后遇到新问题时能灵活自觉地运用习得的数学方法,使学生达到真正意义上的领会和掌握,形成数学学习基本的方法与经验,更好地为将来的学习打下良好的基础。

反思我们过去的教学,大多存在拘泥于教材的解题、忽视解决问题的方法、关注结果的呈现、忽视知识形成的过程等现象,用相对较少的时间得出结论,然后用相对较多的时间让学生练习巩固掌握结论的现象,注重结论的记忆

与运用,忽视结论的形成过程对于学生成长发展的价值,使学生错失了经历知识发生发展过程体验的探索机会。主要是教师对建模教学的育人价值缺乏认识,导致了这类内容教学育人价值的窄化,在一定程度上造成了学生思维的僵化和被动,阻碍了学生的成长发展。

虽然我们本学期刚刚乘上"新基础教育"研究这辆快速奔跑的列车,在思想上有想法,认为差距太大,跟不上它的速度,特别是对理论知识的理解存在一定的困难,但一次次的"新基础教育"研究活动和培训都给自己的思想与理念带来冲击及深度的思考:思考自己今后的课堂需要怎样变革;思考怎样深度挖掘教学内容中的育人价值;思考怎样提高自己的整体设计能力。相信今后在"新基础教育"理论的引领下,改变观念,勇于实践,自己的课堂教学一定会有新的突破和新的收获。

参考文献

吴亚萍."新基础教育"数学教学改革指导纲要[M].福州:福建教育出版社,2017.

学科教学

小学英语词汇句型教学中开放课堂的策略研究

深圳市光明区玉律学校　陈笔峰

小学英语新课程标准提倡教师要还原"学生主体"的课堂，扭转"满堂灌"的局面，开放课堂，让学生与教师一起真正参与知识的构建、生成。本文结合小学英语词汇句型课堂中学前、学中、学后三个过程结构，探究小学英语词汇句型教学中各过程开放课堂的有效策略。

一、学前开放式导入

本文所说的导入是指新知识学习前的"引子"，不能简单地等同于唱唱跳跳或者打打招呼等的"Warming-up"，更多的是新知学习前的准备。

（一）开放性情境预测对话，激活学生旧知，为新旧知识寻找连接点

每一个语言点都不是孤立存在的，而是属于整个语言系统中的某一个点。教师的任务是要帮孩子们激活旧知，寻找新旧知识之间的接口，以便把新知识编织入他们已有的知识体系中。

[案例1]

在上教版"义务教育教科书·牛津英语（深圳）"一年级上册"Unit 9 May I have a pie?"第一课时导入教授新句型"May I have a...?"的环节中，某授课教师充分考虑到孩子们在前面某个单元学习过"Give me a..., please."以及"..., please."的句型，而且这两句语言虽然在某些语境中功能类似，都是向他人索求某物，但本课时的句型却更加礼貌、委婉。因此，教师在新知的导入环节设计了野炊的情境，并以生动、形象、易懂的图片让孩子们明白，图片中的主人公

Ben 想向 Kitty 索要一个梨,并做了如下开放式的设计。

T: Look, children. Guess what are Kitty and Ben saying? Now discuss with your deskmates.

Ss(同桌讨论1分钟)

部分小组展示

S1: Hi, Kitty. Give me a pear, please.

S2: OK. Here you are.

S1: Thank you.

S3: Hi, Kitty. A pear, please.

S4: Here you are.

S3: Thank you.

在与同桌一起猜测、编织场景中人物对话的过程中,学生与本课时目标语言相关联的原有语言资源都被激活,也为学生找到了新旧知识的接口。

(二)开放性任务,激活学生旧知,为新知学习做铺垫

越是答案开放、可以各抒己见的问题,对学生的表达欲就有越大的刺激与激发。因此,在导入新旧知识间关联、递进性较大的新语言知识之前,唤醒已有的知识储备,为本课时新知识的学习做好充分的准备就显得尤为重要。

[案例2]

在上教版"义务教育教科书·牛津英语(深圳)"三年级下册"Unit 7 Hobbies"第一课时教学"I like + doing"的教学导入环节,某授课教师考虑到孩子们已经掌握了很多动词,如 sing,run,dance,read,jump,swim,fly 等,为了达到本课时预设目标(在听说读上掌握 do + ing 动词现在分词以及 like + ing 动词现在分词表示爱好的表达),做了如下导入,激活已学动词词汇。

T: Children, let's watch a short film and tell me, what can Desh do? (播放电影《超人总动员》中一小段关于主人公 Desh 运用超能力与坏人搏斗的片段)

S1: He can run fast.

S2：He can fly.

S3：He can jump.

S4：He can swim.

（教师将学生提到的动词——回收到黑板板书）

T：Yes，Desh is super. He can do many things. And what about you. What can you do？ Please talk with your deskmate.

Ss（同桌一问一答交流）

交流后教师叫部分学生展示对话,并将学生提到的动词——回收到黑板板书。

经过以上两个环节的开放性任务,学生已有的动词词汇被最大化激活,板书也帮学生再次复习、巩固了大量已学动词,为后面学生尝试自我转化动词现在分词做好了铺垫。

（三）篇章先行,通过设问整体感知获取相关信息,引起学生对目标任务产生有意注意

学生对学习目标越明确、越清楚,学习的自觉性、主动性就越高。如果干巴巴地将一个课时的学习目标呈现给学生,可能学生没有兴趣、没办法真正有意地去注意。但如果加入智力活动,需要学生通过思考回答问题,学生就必然会有意地去注意相关的内容,学生的注意力也就自然集中到相关新知上。

[案例3]

在上教版"义务教育教科书·牛津英语（深圳）"三年级上册"Unit 9 In my room"第二课时教学一般疑问句"Is this your...？ Yes，it is./ No，it isn't."的导入环节,某教师做了如下设计。

T：Children, Alice's room is messy now. And she tries to clean it. Please listen to the dialogue and find out who is the owner of this yoyo.

教师播放对话音频,并追问学生。

T：Is this Kitty's yoyo？

Ss：No.

T：So，whose yoyo is it？

Ss：It is Peter's.

T：Yes,this is Peter's yoyo.

通过带着寻找yoyo的主人的任务去听一段较为完整的话轮,让学生初步感知在寻找事物归属者的问答话语,从而明晰接下来要学习的目标,也快速引起学生对目标语言的有意注意,为后面新知识的学习做好有效的导入。

(四)诱发对新知学习的需要,激发新知学习的求知欲

学习不能是教师"塞"或者"灌"给学生的,而是要教师千方百计激发学生的求知欲,推动学生进行学习的内在动力。学生的求知欲诱发的最有效方法就是让学生发现新知学习的内在需要。

[案例4]

在上教版"义务教育教科书·牛津英语(深圳)"三年级上册"Unit 8 At the fruit shop"第一课时教学价格的询问与回答(How much...? ...yuan.)过程中,考虑到孩子们已经学习过关于提供帮助、索要东西等的一些语言储备,如 Can I help you? May I have...? Here you are.某教师在备课时制作了场景图,并特地把每一种食物的价格都呈现出来,激发学生讨论价格的需求与欲望。

T：Look,Peter is in the snack bar. Do you know what does Peter want?

Ss：A pizza.

T：That's right. Please discuss with your deskmate,what are Peter and Mr. Zhang talking about.

Ss(同桌根据已有知识储备,合作交流创编对话后个别同学展示)

S1：Give me a pizza, please.

S2：OK. Here you are.

S1：Thank you.

S3：Hi, I'm Peter.

S4：Hi, I'm Mr. Zhang.

S4：Can I help you?

S3：May I have a pizza，please.

S4：Here you are.

S3：Thank you.

S4：Goodbye，Peter.

S3：Bye.

T：So，Mr. Zhang，you give him a pizza，and then "Goodbye." That's all?

Ss：No！（大笑）

S4：Em...Ten，please.（搓食指和拇指，示意给钱）

T：（拿出10元钱）Ten yuan，right.

S4：（看到钱眼睛一亮，拼命点头）Yes！

T：Here you are. Ten yuan.

S4：Thank you. Bye.

T：Now let's listen what are they really talking，and try to imitate it.

（播放音频进入新句型 How much...？的问答教学）

PPT中情境的创设加入了商品的价格，在尽可能还原真实生活的场景外，价格的凸显以及教师的追问极大地激发了学生想要表达价格、售货员扮演者急切想要收款的欲望，让学生知道自己语言的有限性以及对新知学习的自我内在的需求。

二、学中开放式语言输入

语言的输入环节就是语言知识点导入学生知识体系的过程。这个环节不能简单地设计为教师将知识"空降"或"灌"给学生，也不可能把希望寄托在简单地让学生通过机械重复获得。语言的输入需要在开放性的师生互动中不断构建、习得。

(一)输入要有意义，让语境与语言、语法、语用相结合

语言的学习与使用都离不开语境，然而我们的英语课堂很难完全还原真实的话语情境，这就要求教师必须为学生创设尽可能贴近语言的真实语境，同

时也要贴近学生生活经验、年龄特征,让语境帮助学生理解语言、发现语法规律、体悟语用,且能够在课堂学习过程中"悄无声息"地将学生带入习得语言的自然而然之境。

然而,以前我们简单、浅表地以为,创设情境就是为了让课堂教学更有趣味性,更吸引学生眼球,在课堂的导入环节抓住学生好奇心,而在过程推进中可有可无。华东师范大学卜玉华教授曾指出,真正的"语境"是贯穿于整个课堂,为语言的学习更好地服务,同时还能让孩子在其中得到语言的发展。"语境,所指的不仅是一幅有趣的图片,它还包括在整节课中的情境、语言文本、语法规范以及语用规约,与语言互为前提,是语言的意义载体。"因此,一节课的主语境是语言、语用、语法相统一的容器与载体,语言只有在这种语境中输入才有意义。

[案例5]

上教版"义务教育教科书·牛津英语(深圳)"三年级上册"Unit 9 In my room"教材设计重点是学习 This is my ..../ These are my.... 以及一般疑问句 Is this...? / Are these...? 虽然教材将陈述句和一般疑问句都编写在同一个板块里,但某教师考虑到这里面包含单复数的陈述句表达、一般疑问句的表达、肯定与否定的表达,如果将这些都放在一个课时中难度较大、内容较多,所以决定将其分解到两个课时中去,第一课时解决陈述句的单复数,第二课时解决一般疑问句及肯定与否定回答。

观察教材的场景图,该教师揣测编者用了4幅图,意图为第1、2幅图是孩子们通过学习陈述句 This is my ..../ These are my.... 的表达,达成介绍自己物品的语用,而第3、4幅图的语言和语用目标是通过学习一般疑问句的问答寻找物主。

同时,该教师在备课的过程中思考,一般什么情况下人们需要去介绍自己的物品、寻找物主呢?为了让语言、语法、语用更好地融合,于是在第一课时,该教师创设了主人公Alice邀请朋友来自己新房间参观的情境,为新语言(陈述句)找到学习的被需要性及场景性,也让新语言的语法、语用、语言更贴近真实语境,让语用交际功能更加凸显、形象,更让新语言的输入真正有意义。第二课时延续第一课时的情境,孩子们在 Alice 的新房间玩耍之后,房间变得凌乱,需要孩子们收拾并归置各自物品的情境,自然而然就将第二课时的目标语言一般疑问句的问答 Is this...? Yes, it is./No, it isn't./ Are these...? Yes, they are./ No, they aren't. 的语言、语法、语用巧妙地融合在一起,让这一新语言的学习输入有意义。

(二)新知要在师生互动中逐步生长、构建

教学内容的出现不能是教师"空降"或者"灌""倒"给学生的,这样的教学过程,学生的学是被动的,这样的知识也很难让学生做到"活学活用"。这也是教师在备课过程中最容易犯的错误,即备课时设定好教学目标后,在课堂教学过程中生硬地展示、呈现给学生。事实上,教学内容需要在学生原有知识经验的基础上,在师生互动的过程中逐步"生长"出来,是学生在运用、发现和体悟中不断丰富与深化过来的。

[案例6]

在上教版"义务教育教科书·牛津英语(深圳)"三年级上册"Unit 9 In my room"第二课时教学完一般疑问句单数形式 Is this your...? 的问答句,进入复数形式 Are these...? 的新知学习环节,某教师考虑到孩子们在上一课时学习过陈述句 This is ..../ These are.... 的单复数表达,且已经在大量的听说基础上稍加总结了"单数时用is,复数时用are"的规律,于是做了如下设计。

T: So, children, how many yoyos?

Ss: One.

T: Yes, and is this Kitty's yoyo?

Ss: No, it isn't.

T: Is this Peter's yoyo?

Ss: Yes, it is.

T:(呈现PPT)Look here, how many rulers?

Ss: Three rulers.

T: Yes, there are three rulers. Do you know whose rulers? Can you try and guess how will Kitty ask? Please try to be Alice and ask.

（学生试说后举手）

S1：Is this your ruler, Kitty?

T：Is this your ruler? Maybe.

S2：Is this your rulers, Joe?

T：Rulers. Why you add "s" here?

S2：Three rulers.

T：Clever! More than one. So rulers. What about you?

S3：Are these your rulers, Kitty?

T：Are? Is? Children, which one is right? Now let's listen and try to imitate.（播放音频"Are these your rulers, Kitty? Yes, they are."学生一句一句地模仿）

T：So, "is" or "are"?

Ss：Are.

T：Why?

Ss：不止一个,是复数,要用 Are。

T：Yes, that's right. When more than one ,we use "Are these...?"（教师板书）

可能从时间上来看,学习完一般疑问句的单数形式后,老师直接通过中文直译或跟读模仿等方式将复数形式的问句摆出来给学生会比上面的设计更加快速、省时,但是从学习规律来说,学生在学习过程中开动脑筋思索,而且在老师的不断深入启发互动下,学生不断在原有的经验上逐步尝试构建新的语言,最终生长出正确规范的语言。在这种情况下,学生参与知识的"生长"过程,会对新知识有更深的印象,新知也更容易被理解与活用,而且学生学习的思维品质与能力也会在这种不断强化下提升。

（三）知识的输入要连贯、有层次、有递进

知识的输入学习不可能"一口吃成一个大胖子",把整个课时的知识目标一次性全部"倒"给学生,需要教师将目标分解成若干小目标后慢慢教给学生,同时在各小目标的教学过程中不能彼此割裂,而是要不断滚动、复现,在层层递进、由浅入深的前提下连贯地推送给学生。

[案例7]

在上教版"义务教育教科书·牛津英语(深圳)"三年级下册"Unit 7 Hobbies"的第一课教学 like + V.-ing 的表达方式教学环节,某教师将目标进行分解,整节课的教学流程如图2-2所示。

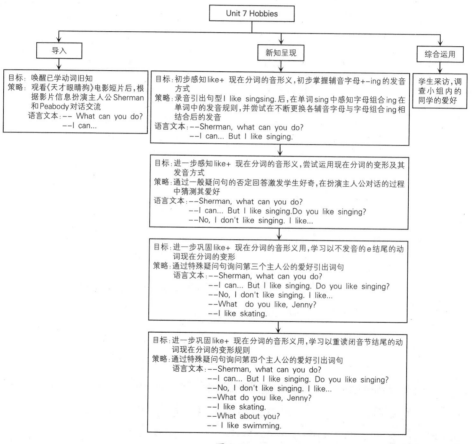

图 2-2

三、学后开放式语言综合运用

语言综合运用环节就是本课时各环节语言、本课时新语言与学生已有旧语言等再次综合编织运用。因此,这一环节不能只是简单、线性地机械操练,而是要想方设法让学生有综合运用语言的欲望及机会。

（一）创设开放式语境，促使学生综合运用相关的新旧知识

到了语言综合巩固运用环节，除了要巩固本课时的知识，更要帮学生们将各环节分解学习的小目标整合融通，还要帮学生们把本课时的新知跟他们原有的旧知再次编织、融通在一起。而开放式语境的创设就要更加贴近学生的生活、情感、态度，使他们能够根据个性化的兴趣、爱好、观点、态度、情感、思维、观察力等，有多样化、差别性的答案和见解。同时，正因为学生彼此之间有不一样的"答案"，他们也就更有表达和倾听他人表达的欲望，这正达到了老师所期望的让学生综合运用语言的目标。

（二）话题的拓展

一个课时中，教师依托某一个语境、话题教学目标语言，同时为了让语言学习更加透彻、深刻，往往在新知呈现环节选择较为固定的某一个话题，以免因为话题的跳跃而打乱了学生课堂中学习的集中性。但是，同一类语言是可以在多种情境、话题下使用的，为了让孩子们更加灵活地运用语言，在语言综合巩固运用环节，教师可以让教材、课堂中的语言跳出原话题，从更多、更贴近生活的角度去使用语言。

针对以上两个方面，我们来看一下以下案例。

[案例8]

上教版"义务教育教科书·牛津英语（深圳）"一年级下册"Unit 2 Listen and hear"第一课时，以 listen and hear 为话题，以听动物叫声为语境学习"What do you hear? I hear...."语言。在学习完本课新知之后进入语言综合巩固运用环节，某教师做了以下设计。

T: Wow, children, you have sharp ears. You can hear so many animals. Now please listen carefully, and ask and answer with your deskmate about what you hear.（教师播放一段音频，音频中钟声响起，一些小朋友在"five, four, three, two, one"倒数，然后烟花、爆竹声响起，小猫、小狗叫起来，人们的欢呼声响起，有人大呼"Happy New Year"。同时在整个音频过程中都能听到歌曲《新年好》的背景音乐）

Ss(学生们同桌对话练习1分钟后部分小组展示他们的对话内容)

S1:What can you hear?

S2:I can hear cats and dogs. What can you hear?

S3:I can hear firecrackers.

S4:I can hear"Happy New Year".

T:Yes, they are very happy there. It's New Year's Day. 最后老师呈现出了孩子们讨论热烈的场景图,并看着图片用 What can you see in the picture? I can see....进一步拓展话题。

此设计中的综合运用环节,学生复习了本课时重点句型 What can you hear? I can hear...(动物),同时,其已学旧词汇 firecrackers 等也被激活、滚动进来。再者,以 listen and hear 话题进一步拓展已学的 look and see,让语言的综合运用更为立体、多面。

四、结语

只有开放式课堂,才能让学生在有弹性的课堂中灵动地习得语言,才能真正打破被动"灌输"语言、知识的局面。也只有在开放的课堂下学习到的语言,才能被学生真正内化并活用出来,打破"哑巴式英语"的尴尬局面。

参考文献

[1]卜玉华."新基础教育"外语教学改革指导纲要(英语)[M].桂林:广西师范大学出版社,2009.

[2]温晓虹.语言的输入、输出与课堂的互动设计[J].汉语学习,2013(2).

基于"新基础教育"理念，浅谈情景导入在小学英语词句课中的实践

深圳市光明区光明小学　叶嘉琦

情景导入法，由教师根据不同的学习内容，为学生创设具体可感知的英语学习情境，是英语课堂中最常用、最重要的新课导入法之一。

《"生命·实践"教育学研究院系列·英语教学改革指导纲要》指出：英语教学作为一门外语学科，学生缺乏直接的学习动机和学习环境，需要通过本门学科的学习，培养学生的学习兴趣。要将小学一、二年级的英语学习定位在以兴趣、好奇心来激发儿童英语学习的参与兴趣。英语教学情境就是以儿童的兴趣、儿童的生活和儿童的经验为基本线索，为课堂创造良好的导入。而恰当到位的课堂导入是一节课成功的一半，不仅能够积极调动学生的学习兴趣，让学生迅速地进入学习状态，全身心地融入课堂氛围中，还能帮助学生最大限度地理解和领悟课堂知识。

本文将结合我的教学实际，浅谈情景导入法在小学英语词句课中的使用策略。

一、情境创设要贴近学生实际

我们常说，兴趣是最好的老师。将英语课堂和学生的实际生活联系起来，在创设情境的过程中使情景导入更贴近学生的生活实际，不仅能让学生近距离地接触与感受英语，还能进一步激发学生学习的热情与兴趣，从而调动学生学习英语的主动性与积极性。

例如，在教学 1B M4 Unit12 "A boy and a wolf"时，教师通过展示不同

故事情节的图片,并辅以相应角色的头饰、动作和语气变化,进行词句教授。这一生动形象的语言活动实践,不仅激发了学生语言学习的积极性,而且能帮助学生主动地学习和自然地练习,极大地提高了课堂的学习效率。模拟表演进行情景导入,既能激发学生的学习热情,提升学生的创造思维,也有助于学生轻松有趣地记忆和运用较难记忆的词句,帮助学生收获自信心,可谓事半功倍。

二、情境创设要具有趣味性

在小学英语教学中,新课的导入要有趣味性,这就要求情境创设需要新颖多样,这样才能吸引学生的注意力,使学生对将要学习的知识产生兴趣。生动有趣的情境往往能培养学生的学习兴趣,调动学生的多种感官,同时让学生更好地融入学习过程中,有助于获得良好的学习效果。

例如,在教学 1B M2 Unit5"Food I like"时,老师设置了情境:六一儿童节快要到了,羊村村长给同学们带来了一份礼物,引导学生猜测盒子里装着的食物。通过学生们熟悉、喜欢的动画人物和充满悬念的情境进行新知导入。这样趣味性十足的情景导入,极大地激发了学生对新授知识的好奇心,并且能让学生们将这一份好奇心保持一整堂课的时间。通过构建新奇有趣的教学情境,引导学生把学习新知的压力变为探求新知的动力,这就是情景导入的魅力。既抓住了学生的心弦,也能随着情境的推演,让老师对学生进行进一步的学法指导,突出重点,化解难点,不断激发学生的学习兴趣,促使学生的情绪高涨,进入智力亢奋的状态,这对教学过程具有极大的帮助。

三、情境创设要有针对性

情景导入必须具有针对性。一方面,教师在进行情景导入时,要根据不同的教学内容和教学对象来决定不同的情景导入形式。教学内容不同,教学对象不同,其所对应的情境创设也应该有所不同,无论是哪种情景导入,都应该以吸引学生的注意力和服务于课堂教学为前提,而不是为了"导入"而"导入"。另一方面,导入的内容必须体现出教学的重点,让学生清楚地知道这节课的学习内容,这样他们才能在课堂中跟上老师的教学思路,提高课堂学习效率。

例如,在教学2A M3 Unit7"In the playground"时,教师通过展示Kitty和朋友在操场上玩耍的对话进行情景导入。学生们常见的操场照片里往往有丰富多样的运动设施,与之不同的是,在这张照片中,操场上只呈现了本单元所需要学习的三个运动设施slide,swing,seesaw。这样一来,学生就能清楚地了解到这节课的内容是以Kitty和朋友在游戏场上玩耍并询问自己的朋友能够看见什么为主线,从而逐步展开三个运动设施slide,swing,seesaw和新句型的学习。在这个过程中,学生的注意力自然而然地就集中到本节课的教学重点上,随着情境设置的发展,教师在教授过程中还结合图片、视频、音频等呈现,让孩子们在完整的情境中实现对旧知的巩固和新知的理解应用,从而实现了本节课的教学目标。

　　有针对性的情景导入在明确课堂教学主要内容的基础上,能够更好地调动学生的学习积极性,营造良好的学习氛围,这样也能最大限度地提高课堂教学效果。

　　综上所述,打破传统的词句分离、缺乏语境的词句教学,通过形象、直观的情景导入构建英语课堂,教师能为学生营造良好的学习氛围,将学生的注意力成功地吸引到课堂中,使学生能更好地感受、理解和运用新授词句,有助于降低教学难度,也进一步体现了知识"源于生活、用于生活"的特点,课堂教学也定会收到事半功倍的效果。

参考文献

　　[1]中华人民共和国教育部.义务教育英语课程标准(2011年版)[S].北京:北京师范大学出版社,2011.

　　[2]卜玉华.英语教学改革指导纲要[M].福州:福建教育出版社,2016.

学科教学

107

"话题式"写作课型研究

深圳市光明区光明小学　陈丹宜

对于小学高年段(五、六年级)学生来说,他们已经具备了一定的英语知识储备和合作学习能力。如何在此基础上引导学生们建立英语写作的学习共同体,提高语言综合输出能力和合作能力呢? 本文结合上教版"义务教育教科书·牛津英语(深圳)"的教学课型案例,深入阐述小学英语话题式写作下的拆拼式写作教学,促进学生英语综合能力的发展。

一、拆拼式写作的意义与价值

(一)差异资源最大化

从一开始让小组内个人独立写作,把一篇作文按维度拆分成几个部分,然后把每个组内同一维度的同学实行类聚,互相补充和修改,把不同的学生资源最大化,并且小组中有优生资源,优生带动其他同学修改补充,也把优生资源转化为同类小组的资源,互相学习和帮助,培养集体荣誉感和凝聚力。

另外,排序后,每组拼接成一篇文章,再实行组际的互相修改,这时组与组之间又实现一次不同集体资源的最大化。

(二)培养学生写作的自我监控和修改意识

在学生组内和组际写作与修改中,学生有机会对比、评改自己和其他人的写作内容,会形成自我反馈和修改意识,有助于学生自评互评意识的培养。

(三)学习方式的改革(独立写作到合作写作)

传统的写作课堂都是学生独立写作,不完全适用于所有文体写作,学生的自我监控、互相欣赏、评改能力和合作能力没能得到长足的发展。本次课型引导学生通过有序组内和组际的分工合作,发现、体会和改正写作错误,补充语言知识储备,建立英语写作的学习共同体,从而达成教学目标并培养学生良好的学习态度,促进学生综合能力的发展。

二、课例教材分析

下面以上教版"义务教育教科书·牛津英语(深圳)"六年级第一学期第三模块第九单元"Great cities of the world"第四课时展开课例剖析。

本单元的话题"Great cities of the world"是学生比较熟悉的,主要讨论介绍某座著名的城市。六年级学生有部分的生活经验,但还不能够自由表达,语言知识储备有限,因此可以借助一定的课外资料,培养学生丰富、规范的书写表达能力。

(一)学情分析

在写作基础方面,六年级学生已具备段落写作意识,但写作的规范性、逻辑性和完整性不强:优生能在大话题引导下,自由写作8句以上结构清晰、内容扣题的作文。中层生能写6～8句的语篇,但句式相对统一,语言表达不够丰富、有序,时间为10～15分钟。后进生段落篇章意识比较薄弱,需借助一定的支架完成,时间较长。

老师在这节写作课中主要攻破学生句式表达和书写的难题,通过联系生活经验和已有旧知,查阅课外资料,帮助学生有序、规范地表达;学生语法普遍掌握不扎实,尤其是名词、谓语动词单复数、时间介词等。在本次写作课中,老师要引导学生通过组内和组际的小组合作,在多次修改反馈中,发现、体会和改正写作错误,补充和丰富句式语言表达,掌握相关语言知识。同时培养纠错和赏识意识,体会合作学习的乐趣,建立学习共同体。

(二)教学目标分析

基于对教材的解读和对学生基础的分析,我们确定了本节写作课的教学目标。

(1)学生在写作过程中,进一步巩固运用本单元所学的相关词汇和句型,并能综合本课和已学知识,来介绍某座著名的城市。

(2)通过一系列的小组活动,培养学生多维度、有序、规范地表达。

学科教学

（3）通过一系列的小组活动,学生学会纠错、赏识和相互学习,培养合作意识,建立学习共同体。

三、教学过程及推进逻辑

（一）第一次教研活动

这次写作内容主题鲜明,描写内容为世界上的著名城市,为了让学生们有更多的发挥空间,学生可以结合课本所学的三座著名城市,分别是Beijing, London和Tokyo,三选一,小组完成一篇写作。六年级学生的知识面和词汇量不够,还不能够自由表达,语言知识储备有限,因此可以借助一定的课外资料,培养学生丰富、规范的书写表达能力。以下是第一次磨课中核心推进过程的教学片段。

T：Ok, now please finish one essay in groups of six.

One member writes one aspect. Now, go.

T：Students in a group revise or enrich your content and expression with each other. One member should read and check at least two small paper of other members.

T：Leaders of each group please stand up, and deliver all of your small papers to other groups. Members of the same aspect help revise other passage and write some comments and advice with red pen.

T：Ss work in groups of six. Ss in a group number all the aspects and then put them on the big paper into one passage. Every group summarizes the writing problems and good points. Discuss how to introduce their passage.

（二）第二次教研活动

第一次磨课结束后,我们备课组集中研讨了写作推进策略的有效性。

第二、三步骤都是对实现同一要点的补充修改,实现同类最大化,虽然学生活动形式多样,但花费的时间太多。而且,组内互改的形式不完全高效,因为每个组内不同成员负责不同维度的内容写作,对其他维度内容不太熟悉和擅长,不一定能给出最恰当的修改建议。在观察学生磨课表现时,老师还发现,容易导致分工不均,综合能力强的同学包揽大多数的组内评改任务,综合能力弱的同学对其他维度无从下手。

如何才能把同类的类聚作用发挥到最大化呢?经过讨论,我们一致认为,可以直接让写同一维度的同学聚在一起,互相修改补充。而且为了实现不同组差异资源的最大化,在最后修改环节增加了组际修改和标注,不仅发挥了组内学习共同体的作用,还发挥了组际学习共同体的影响。

以下是第二次磨课中核心推进过程的教学片段。

T: Ok, now please finish one essay in groups of six.

One member writes one aspect. Now, go.

T: Students of the same aspect gather together in a place, and revise or enrich your content and expression.

T: Again, come back to your seat and work in groups of six.

Ss in a group number all the aspects and then put them on the big paper in the right order you think. Then you can make aspects into a passage.

T: OK. Now I can see most of you finish your group work. Leaders of each group please stand up, and exchange your group work with other one group.

Now If you finish reading other group's writing paper, Please discuss in a group and group leader can write your comments and advice on the big paper.

T: It's time to get back other group's work. Now, you can read other group's comments and advice. Please read it carefully and have a group discuss. Finally each group will have one speaker to introduce your work.

结合第三次磨课情况,制定和落实教学目标。

经过第二次磨课,教学效果显著提升,第二种推进流程更能把同类的类聚作用发挥到最大化,使得写同一维度的同学聚在一起,互相修改补充。比第一种只在两组之间同类修改要更高效,但在操作上老师需要把指令清晰化,学生组内、组际合作纪律较好,有团队合作精神,这些都是需要训练和配合的。

在第三次磨课后,老师的指令简洁清晰,学生们更快地心领神会,团队合作也更加高效。教学中发现学生在三选一后,对其他两座国外的著名城市仍不太熟悉,不能很好地描述写作,并且写不同的城市,不利于中间的聚类修改和后面的评讲。所以,结合学情,这是学生第一次尝试话题式的合作方式,我们瞄准教学目标,抓一个重点:建立学习共同体。因此,我们决定让学生共同描写一座城市:北京,既降低学生的写作难度,又有利于集中实现教学目标。

四、小结与讨论

拆拼式写作教学就是拆拼式小组写作。先拆再拼,先把一篇文章按照维度分解,小组内成员选择维度书写,通过一系列有序的组内、组际的合作学习,建立英语写作的学习共同体,互相补充修改,实现差异资源最大化。然后把不同维度的分段拼贴在一起,加以修饰,共同完成一篇小组作文。

(一)适用文体

拆拼式写作适用于话题式写作,可拆分维度写作的介绍类和描述类文体。文体可分解为不同维度,小组成员选择不同维度分段写作,形成人人有事做的小组学习共同体。接着引导同一维度的不同组组员类聚互改,形成同类聚合的联动效应。最后把不同维度的分段拼合,并加以修饰,拼合出一篇写作文章。因此在拼凑式写作中,维度是拆拼的单位和基础。话题式写作中,出于对教材难易和学情基础的考虑,执教老师可以选择同一话题或者不同话题的写作范围。

(二)组内和组际的学习合作指导

拆拼式写作教学的主要合作形式是以小组为单位的合作学习,老师在这一过程中如何帮助孩子们顺利高效地建立学习共同体呢?

在这一课例中,从宏观的合作形式上明确合作流程和形式。第一步,先组内合作,组建六人小组的学习共同体,六人分配不同维度的分段写作任务。第二步,跨组际合作,每个小组中同一维度的小组成员类聚,组成新的学习共同体。第三步,回归六人小组,组内合作排序拼贴成文。第四步,组际合作,两两大组交换拼贴式大作文,互相评改。

从微观的合作角度上,第一步和第三步,老师需要培养组长的组织领导能力,根据组员的写作能力分配任务,示范引领。第二步,明确评改形式和评改标准,评改过程实际上是在新类聚共同体中两两轮流评改两次,每人至少改到两篇其他组员的小作文。

(三)拆拼式写作成果

需要注意的是,拆拼式写作教学的成果仍是半成品,它是由不同维度的分段简单拼凑合成,还需引导学生们在组际评改环节补充开头、结尾、段落之间的衔接语等,课下重新誊抄,才能输出一篇完整的作文。这一过程中,执教老师做得不够细致,还需要引导学生明确一篇完整的英语写作文章的定义,培养学生的写作整体意识和评改意识。

参考文献

[1]卜玉华,齐姗.乡村小学英语教学[M].上海:华东师范大学出版社,2020.

[2]卜玉华.英语教学改革指导纲要[M].福州:福建教育出版社,2016.

学科教学

"四语一体化"在英语复习课中的实践探索

深圳市光明区原爱华小学　刘华君

一、理论背景

"新基础教育"对外语学科育人价值的解读共包括五个方面:一是英语语言本身即是价值。因为学生通过英语学习,能够了解这门语言的基本特征,如音、形、用等语法知识和英语的语用知识。二是英语学习过程中所形成的听、说、读、写等语言技能本身即是价值。因为它有助于学生用英语实现交流,增加交际的可能性,提高交流的质量。三是英语学习能够培养学生换一种思维方式表达思想的能力。四是英语学习能够拓展和丰富学生的异国文化视野,增进学生对异国文化的欣赏和尊重。五是英语学习能够培养学生良好的学习品质。因为英语学习需要学生在日常生活中多接触、多使用、多积累,学好英语的同时自然也就培养了学生坚持不懈、勇于实践、善于创造性表达的学习品质。

由此不难看出,"新基础教育"英语学科的育人价值不拘泥于知识层面,而是努力在超越知识价值的视域,培养学生的思维品质、国际视野和个性化价值,这也是适应中国社会转型期对教育的时代要求。

长期以来受中国传统教育的影响,英语课堂往往重知识轻能力,课堂知识以老师教授、学生机械记忆为主;课堂发言权往往被少数优生垄断,成绩稍差的学生或者中层的学生怯于回答问题,长此以往,他们往往成为课堂的被动接受者,缺乏参与课堂的主动性和积极性;老师与学生之间的互动往往以追求教授知识为主,忽略了学生的已有经验和新知识之间的联系,师生对话缺乏灵动性和生成感。整个传统课堂忽略了学生作为一个"人"的存在,学生的真实思想无法表达,学生的思维能力没有得到锻炼,学生个性化价值的实现受到阻碍。

因此,"新基础教育"英语教学理论站在人学视角提出英语教学的实质特质:意义化、结构化与"四语一体化"。关注学生作为"人"的整体状态,学生在课堂中能否灵动地、富有创造性地参与思考和表达。并且,它还关注个体的声音,关注教学能否激发学生说出自己个人的想法,而不只是老师要我说什么,我说得是否正确。关注师生互动的质量,老师是否认真倾听学生,是否关注学生在课堂中的自信、自尊和互助。

二、理论深入

(一)意义化

意义化是指学习的意义化,即学生对所学习的内容有所理解、有代入感,能够对学习的内容进行总结、评论和想象。意义化的价值在于学生能将所学知识和已有经验联系起来,在课堂中有参与感和积极性,能对所学的事物进行评论、想象和预测。

1.学习过程的意义化

(1)学习前的意义化

在学习之前,学生可以通过观察图片、联系生活对将要学习的内容提出问题或进行预测。这个阶段可以充分调动学生的已知,引导学生进入语境、理解语境,同时也可代入学生不同的语境想象力、语言基础等相关内容。

(2)学习中的意义化

在进入语境、引入文本后,可引导学生进一步地理解文本内容,并结合学习到的知识发表自己的评论和见解。这一步检测学生对所学知识的理解和运用,老师可以根据学生的回答调整、反馈或引导,进一步对文本进行分析、总结或预测,实现师生互动的意义化。

(3)学习后的意义化

学习完后,学生可以对所学的内容进行批判性的思考,或进一步对所学内容进行分析和评价,或进行角色换位思考,培养学生的批判性思维和个性化表达。

2.语境、语言的意义化

《义务教育英语课程标准(2011年版)》(下文简称《课程标准》)明确指出："作为教师要通过创设接近实际生活的各种语境,采用循序渐进的语言实践活动,培养学生的语言运用能力。"

根据《课程标准》,在当代教育理念下,创设有效语境已成为英语教学的重要议题之一。如何创设有效的语境呢?卜玉华教授曾说,语境是意义载体,语境是"森林",语言是"木",离开了语境这个意义载体,语言就失去了意义。

(1)语境承载语言

语言只有在话语中得到表达,才能进入人的理解过程中。理解过程表现在对何时、何地、与谁、在做什么的综合判断,语境正是这些要素的承载者。进而言之,语境为理解提供了意义支撑,没有语境,话语只是无意义的机械操练。

(2)语境和语言的相关性

此外,语境大于或等于语言,语言当中的词、句、篇、语法等都包含在语言环境中,只有合理地设置语境,才能促成语言的有效表达,否则,语境与语言会相互偏离或无所关联,无法起到正相关的作用。

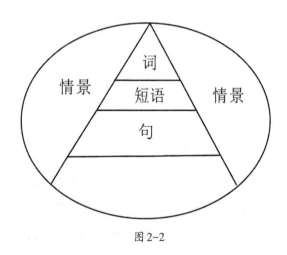

图2-2

(二)结构化

结构化能够为学生建构文本和解构文本提供支架,在解构和建构的过程中,学生一步步地分析文本形成自己的见解,在操练内化后又根据自己的理解重新建构文本,由此进行聚类或迁移,通过学法的指导,学生的学习力和理解力得到进一步提升。

1.文本结构化

课本教材文本多处于松散的状态,缺乏结构化的意识,老师可以通过分析教材,提炼文本核心语言结构进行文本重构。提炼后的文本结构更能调动学生的兴趣和积极性,学生可根据文本结构进行迁移、拓展或有序思维的表达。

2.推进过程结构化

在教学推进过程中,我们遵循教结构、半开放用结构、全开放用结构的教学方法。在教结构的过程中,教师引出新知,学生通过听录音感知新知,同桌讨论、读读写写等方式学习新知,并通过师生互动、生生互动等方式进行操练;在半开放用结构中,经过前面的学习,已经在互动中搭建起了学习的支架,这时学生可以根据支架内容进行补充或聚类,再内化成自己的语言;在全开放用结构中进一步内化知识生成自己的语言,学生只有在理解的意义层面上,才能对知识进行迁移、评价或综合运用。

(三)"四语一体化"

"四语一体化"即语境创设、语言理解、语言运用、语言形式分析的一体化推进。

在学习过程中,语境贯穿始终,语言结构包含语法、词、句、篇等语言知识,学生作为学习者在有意义的语言环境中理解语言、运用语言,即课堂当中的语境线、语言线和学习线共同推动一节课的形成。

语境线

语言线

学习线

三、理论实践

下面以一节三年级的模块复习课为例对"四语一体化"的实践运用进行阐述。

(一)分析教材,提炼核心语言结构

我选取的是上教版"义务教育教科书·牛津英语(深圳)"三年级上册第二

模块的模块复习课。通过分析教材可以得知,本模块一共三个单元,分别是
my friends,my family and me,对家人、朋友和自己进行介绍。

表2-8　主要词汇分类

描写身体的形容词	tall,thin,fat,short,big,small,long
描写家庭成员的词汇	father,mother,brother,sister,me
描写五官的词汇	hair,eye,ear,nose,mouth,face
其他	he,she,is,my,this,who,beautiful,look

表2-9　主要句型分类

介绍自己	介绍他人	提问他人
This is me.	This is Peter.(人名)	Who is he/she?
My hair is long.	This is my...	Is he/she...?
My ears are big.	He's/She's my...	Are you my ...?

通过整合,不难得出本模块的核心篇章语言结构。

(1)介绍自己:This is me. I'm...(人名)I'm...(介绍体征)My...is... My...
are...(介绍身体部位的特征)

(2)介绍他人:This is...(人名)He's/She's my...(介绍家庭成员关系)He's/
She's...(介绍体征)

(二)确定教学目标

在通过教材分析和学情分析以后,我们初步确定本节课的教学目标如下。

(1)通过复习,学生能进一步掌握运用本模块所学的词汇和句型。

(2)通过复习,学生能整合本模块的内容,介绍家人和朋友,提高综合语用
能力。

(3)通过复习方法的指导,学生能初步掌握归纳总结的能力。

（三）教学过程

1.导入环节

Sing a song. 通过唱歌激活旧知,活跃气氛。

2.情境创设

Kitty comes to visit Peter's home. 通过创设 Kitty 来 Peter 家参观的情境为课堂的语境推进做铺垫。

3.核心推进过程

（1）Play a sharp eyes game

（2）Classifying the words

玩单词游戏复习模块单词,加强对模块单词的音形记忆;通过分类整理单词,对单词进行意义化处理,培养学生的分类整理能力和聚类意识。

（3）Guess and talk

T：Kitty and Peter are talking about this picture. Can you guess what will they talk? Please talk with your partner.

S1：Who is he? He's my father.

S2：Who is she? She's my mother.

S3：Who is he? He's me.

T：Look at here. He's me,any problem?

S4：He's me.也可以改成 This is me.

T：Oh，He's me.应该改成 This is me. Maybe you want to say "this is me."Right?

创设开放性的语境,让学生已知经验先行,猜一猜 Peter 和 Kitty 会说什么,引导学生理解语境,充分尊重学生的表达意愿。从学生的回答中可以看出,学生对语境有代入感,比如"He's me."放在语法上来说可能并不恰当,但是放在语境中理解却是合理的,说明学生能够在语境中进行角色换位思考。老师能够在资源回收过程中评估学生的语言基础,及时对学生资源进行整理和反馈。

（4）Listen and fill the blanks

（5）Make a mind map

通过听录音完成短文,锻炼学生在听的过程中捕捉关键信息的能力和记笔记的能力。

听完录音后,学生和同桌根据听力内容讨论可以从哪些方面去介绍一个人。以下是学生的回答。

S1:Peter是从五官和他喜欢的运动介绍自己的。

S2:还有,Peter介绍了自己的名字。

S3:还有身高和年龄。

T:表示身高的同类词有哪些?

S3:tall,short,thin,fat,small…

T:我们把这些词叫形容词。表示年龄的词有哪些?

S3:9,1,10,2,7…

T:Ok, last one, who can try?

S4:名字要补充,Mrs Wang.

T:Ok, look at here, what are they?(黑板上有学生在这节课中分好类的词)

S:家庭成员。

通过下放同桌讨论,学生资源被充分激发,锻炼了学生在语篇中理解语义的能力;通过完成思维导图锻炼了学生分析文本、结构文本、归纳文本的能力。学生成为学习资源的提供者而不是被动接受者,同时从师生互动中可以看出当学生的能力不足以概括出所有维度的时候,老师就要及时引导成为资源的提供者。

(6)Look and talk

从介绍自己到介绍他人,培养学生的语言迁移能力,同时在回收过程中也可以检测学生的语言内化情况,老师根据学生的回答情况及时反馈和调整,尊重学生的真实表达,保护学生的学习积极性。

S1:This is Mary Brown. She's my mother. She's tall. She can sing.

S2:This is John Brown. He's my mother. He's tall. He can play football.

S3:This is John Brown. He's my father. He's tall. He can read.

S4:This is Mary Brown. She's my mother. She's thin. She can dance.

从学生的回答中我们可以看到学生的表达始终是符合语境的意义表达，并且在语境中加入了自己的理解和联想，丰富了已知的文本内容。

（7）Correct the mistakes

在语篇的意义载体中进行语法纠错，巩固易错点、突破重难点，为后面的写作输出做铺垫。

（8）Writing

学生根据前面提供的语言结构支架，联系生活实际介绍自己的家人或朋友，培养学生的综合语用能力和写作能力。

结合本节课的上课实际，我认为，只有在语境的意义化载体中推进语言、语法、语用学习，才是真正尊重学生作为一个"人"的整体状态，学生可以在真实的语境中对话、预测、评价或批判。老师在这个过程中跟学生进行有意义的互动，调整和反馈教学进度与教学资源，掌握和引导学生的学习情况与学习状态，这才是一个有生成感的、灵动的课堂，也是新时期追求的外语课堂的独特育人价值的体现。

参考文献

[1]卜玉华."新基础教育"外语教学改革指导纲要（英语）[M].桂林：广西师范大学出版社，2009.

[2]卜玉华."新基础教育"课堂教学改革的深化研究[M].福州：福建教育出版社，2014.

[3]中华人民共和国教育部.义务教育英语课程标准（2011年版）[S].北京：北京师范大学出版社，2011.

学科教学

浅谈小学英语语篇教学中的解码与建构

深圳市光明区玉律学校　林梦雅

上教版"义务教育教科书·牛津英语(深圳)"六年级的课文多数以语篇的方式呈现,以较完整的语言组织形态、多元的语言要素向学生传递丰富的语言信息,让学生能将语言和语言所使用的语境的关系联系起来。因此,语篇的内在价值是科学地、系统地分析语言材料在文中的相对位置,并识别篇章中的结构模式,发现规则。语篇为我们提供了一种完全不同于句子支配模式的观察语言的角度。这就要求在学习语篇时,不仅要分析语言的形式特点,还要对结构进行宏观的分析。在提高学生语言知识、语言技能水平的同时,培养学生获取完整信息的能力和语言交际的能力以及运用结构仿写的能力。

建构主义认为,学习的过程是学习者主动建构知识的过程,"学习是建构内在心理表征的过程,学习者并不是把知识从外界搬到记忆中,而是以原有的经验为基础,通过与外界的相互作用来建构新的理解"(Cunnighan,1991)。学习活动不是由教师单纯向学生传递知识,也不是学生被动地接收信息的过程,而是学生凭借原有的知识和经验,通过师生的互动,主动地生成信息的意义的过程。此外,学生们对知识的理解并不存在唯一标准,而是依据自己的经验背景,以自己的方式建构对知识的理解,对于世界的认知和赋予意义有自己独特的想法。

在"新基础教育"英语教学核心价值立场下,语言知识的育人价值也体现在重视学生主动建构知识、发现规律的过程,提倡发现式学习。因此,结合建构主义教学理论与新基础英语核心价值的引领,我们在语篇教学中致力于激发学生在主动探索中发现和提取信息,老师和学生共同解码语篇的结构,并能引领学生自行建构属于自己的篇章结构,运用于自己的表达和写作中。

本次研究以上教版"义务教育教科书·牛津英语(深圳)"第四单元第一课时"Our neighbours"为例,尝试带领学生对语篇内容进行解码与建构。

一、话题引入,打开思维

一堂课的开始就如一幕剧的序曲一样,只有导入部分做到"引人入胜",才能更有效地吸引更多的"观众",学生的精力才会转移到教师身上,转移到课堂上。好的课堂导入需要教师与学生相互配合,使学生置身于话题之中。只有让学生通过导入明确了课堂任务,进入了讨论的话题,主动而自然地从已有知识过渡到新知识的学习,接下来的教学环节才会加倍顺畅,高效的英语课堂才会得以实现。

本节课利用对话导入法导入"topic: neighbours",利用这种方法导入,自然而流畅。通过师生间的真实交流,老师谈起自己的实际情况,与学生交流"Where do you live?"既能调动学生原有的知识技能,又能为话题的发展做好铺垫。师生互动后,老师将几个住在一个片区的学生找出来,展示在PPT上,并引出本课的话题"Neighbours",基于学生实际,启发学生对这个话题的好奇。

话题的打开除了精彩的导入外,还需要增强学生的参与感,因此本节课又设计情境Peter与Miss Fang在交谈新邻居,让学生从Miss Fang的角度向Peter提出自己的问题。充分发挥学生的主观能动性和聪明才智,带着他们的问题深入话题,增强学生的好奇心,激发学生强烈的求知欲。

二、细读语篇,提取信息

对于学生来说,接触一个新的语篇,虽然带着很多问题,却不知从何下手。"眉毛胡子一把抓"是学生的普遍问题,因此如何引导学生提取语篇的重要信息显得至关重要,上课伊始,老师已经启发学生提出了许多的问题,引导学生带着关键问题去文中定位特定信息,忽略干扰内容的阅读方式。然后根据题意及前后文语境来确定答案,这对于文章主要内容的清晰把握当然能立竿见影,能快速提升阅读质量。

带着问题,学生将关键信息提取出来,理解篇章。这样的训练有助于提高阅读者的阅读能力,能加深他们对篇章的理解,从而加强语言能力的培养,激发他们学习的主动性和积极性,有利于培养他们独立解决问题的能力。

三、信息解码,重构语篇

纳塔尔(Nuttall)认为,作者要把他头脑里的信息传达出去,让别人接收,他首先必须把信息行诸文字,即编码。完成了编码过程,信息就以语篇的形式存在于作者的头脑之外。

阅读理解过程则是一个解码、获取信息的过程,即解码,交际过程随之完成。这看似简单,但有时信息并不能完全从作者的头脑到达学生的头脑。虽然此时学生已经获取了一些信息,但不知道如何处理,不知道作者想要传递的篇章价值是什么。于是,本节课教师引导学生对信息进行解码,先做示范如何将作者传递的信息进行解码归纳,剩下的由学生自主探究解码。有了教师的引领,学生顺利将整篇文章归纳成一个表格,整篇文章的脉络清晰可见,作者想要表达的信息和内容一览无余。

四、建构新篇,思维提升

通过语篇解码,学生已经掌握了语篇的结构,如何迁移运用到其他文本中,需要教师引领学生自行建构属于自己的篇章结构,运用于自己的表达和写作中。学生对知识的接收,只能由他自己来建构完成,这种建构是他人无法代替的。以他们的经验为背景,来分析知识的合理性。这包含两方面的建构:一方面是对新信息的意义的建构,另一方面又包含对原有经验的改造和重组。此时,学生形成的对篇章的理解是丰富的、有着经验背景的,从而在面临新的情境时,能够灵活地建构起用于其他语篇的图式。因此在课堂的结尾,教师设计的任务是让学生将刚学到的方法运用到 Alice 的篇章中,并再次运用表格重构自己的实际情况,学生不仅理解新知识,而且对新知识进行分析、检验和批判。

五、小结

如果说语言教学的目的不单纯是增加知识,而是培养学生在具体的语境中恰当地表达,准确地理解语言的语用能力,那么本次新基础教育研究,教师带着学生对语篇信息进行解码提取,挖掘文本的内在价值,则是一次成功的探索。

"新基础教育"理念下的"话题式"
写作教学的实践研究

深圳市光明区光明小学　李素宁

一、小学英语写作课型研究背景

(一)学校写作课型前期研究情况

"新基础教育"研究重视学科的独特育人价值,突破传统缺乏"人气"的课堂,关注每个学生的学习状态,尽可能让每个学生都参与课堂,把自主性、合作性、活跃性的课堂变成可能。这是"新基础教育"研究下我校英语写作课型研究的价值所在。我校自研究英语写作教学以来,都是以"支架式教学"策略来突破写作的难关,教学过程中教师与学生、学生与学生在多主体互动中一起构建写作的思路和框架,在充分的互动之后再进行自主写作,由"扶"到"放",学生的积极性较高。但由于班级学生数量庞大,课堂上我们很难正确估量到每个学生学习的情况,能关注每个学生的时间和空间有限,如何在一节课的时间内避免重心过高和替代现象严重的问题、让每个孩子都能落实写作任务和实现最大化的参与一直困惑着我们。

一节课40分钟,老师指导时间太长,重心高,花20~25分钟,孩子们写作文用10分钟,修改用5分钟,学生写的时间不够,写作课堂在自主写、纠正和丰富三个方面很难得到落实。

(二)小学英语写作教学的意义

《义务教育英语课程标准(2011年版)》指出,小学阶段的英语教学要使学生掌握一定的英语基础知识和听说读写技能,形成一定的语言综合运用能力。近年来,由于小学教学极为重视"听、说、读"的训练,在小学考核中这三个方面取得了不错的成绩,而英语教学书面表达却相对滞后,学生写作水平提高甚微。事实上,英语写作一直是我们小学英语学习和考核的重要组成部分,它往往以回答句子、完成短文、补全句子或看图写一段短文等形式出现,是英语听、说在"写"方面的进一步延伸。英语写作也是英语学习进步过程中看得见的记录。语言学家研究证明:写作教学有助于词汇、语法、句型、课文等语言知识的学习,并能够促进听、说、读和思维能力的潜在性发展,同时,听、说、读和思维能力的发展又反作用于写的能力的培养。写作教学对于帮助学生了解英语思维的方式,形成用英语进行思维的习惯,提高学生综合运用语言知识的能力大有益处。

"新基础教育"理念下的英语写作教学研究还具有独特的育人价值:有助于已有语言知识的巩固;有助于提高学生的写作技能;有助于已有知识的重组、创造性使用和审美享受。

(三)传统写作教学的不足

小学阶段的"写"更多停留在抄写和仿写上,忽视学生的自主写作能力与过程中学生思维能力的培养。在写作教学中,先是词汇的呈现,然后是造句,句子组合成群,由"词、句到篇"的模式往往是我们最常见的教学环节,这样的环节设置是用知识技能为学生搭建写作的框架。教学过程慢慢地变成了写作的建模过程,给了学生一张无形的"大网",将复杂的写作变成了简单枯燥的填空或仿写,没有考虑学生语言的可持续发展,中国式英语的味道越来越重,写作课堂逐渐陷入了模式化困境。

二、写作课型的研究内容

(一)如何让每个孩子在课堂上都有事情做

孩子都有差异,也有可能掉队,但是我们可以重心下移,设置开放性的任务,尽可能发挥学生的自主性。放下去的目的就是发挥出每个孩子个体和班级整体性的潜能。以小组为单位分小组后每个人都有事情做,每个人的事情都不一样,孩子们都在参与,尽管有差异,但优质公平,用有差异的方式对待差异的人。西方罗尔斯公平理论就提到差异原则。华东师范大学叶澜教授发表的一篇文章《关于教育优质公平发展的三重思考》里也提到优质公平,她说就教育全局而言,优质公平针对的是,目前我国在地区、城乡、学校之间教育质量还存在着超底线的两极化差异,对于学校班级里的学生来说也存在着差异,我们要为这些差异设置不同的学习任务,避免优生替代,让每个孩子在课堂上都有事情做。

(二)构建学习共同体,发挥集体学习的作用

国家提出新时代"发展公平而有质量"的教育要求,而新基础的课堂更是关注全体学生和个体需求。如何让每个孩子在课堂上都有事做,意识到自己的重要性,是我们每一位老师都要思考的事。学校班级学习共同体是由学习者(学生)和助学者(教师)共同组成的,以完成共同的学习任务为载体,以促进成员全面成长为目的,强调在学习过程中以相互作用式的学习观做指导,通过人际沟通、交流和分享各种学习资源而相互影响、相互促进的基层学习集体。它与传统教学班和教学组织的主要区别在于强调人际心理相容与沟通,在学习中发挥群体动力作用。从"新基础教育"视角解读学习共同体,我认为,我们的课堂上有两种形式的共同体:一种是由老师和学生们一起组成的学习共同体;另一种是由学生自己组成的学习共同体(小组合作学习模式),相互交叉推进课堂教学。

建立学习共同体,让学生意识到他们每个人都很重要,还要在组内和组际之间相互学习。如写作课,让孩子们在一个组内或者各组之间进行相互修改和展示。尽管是各种不同的方式,但是合作的精神和氛围很好,整体之间相互学习了。学生在能够全方位学习的同时,还能知道这是他们自己的东西,这是他们自己组的东西,他们组英语的特点在班上能展示出来,这是值得骄傲的事情。

(三)写作课堂上实现自主写、纠正和丰富

基于写作课堂的理念,一节课要尽可能实现自主写、纠正和丰富性。但现实是我们现在一节课很难同时实现这三个方面。很多时候只能进入写和纠正过程,很多时候还是老师的纠正,学生没法自我纠正。培养孩子们自主的纠正意识和相互学习中的丰富意识是新基础写作课堂重要的育人价值。

三、研究过程及方法

基于我校的写作课型的研究现状和学生自主写作的能力的培养要求,下面对上教版"义务教育教科书·牛津英语(深圳)"四年级第一学期第一模块的写作课的备课研讨环节和课堂教学环节展开剖析。

(一)教材分析

研读教材时,我们发现本模块的话题都是关于人物信息的学习"Getting to know you",单元内容是学习介绍新同学或者朋友等的外貌特征、个人具体信息以及能力等。描写人的话题是学生比较熟悉的,有一定的语言积累。学生在本模块学习的主要句型有 His/Her name/face... is/are...; He/She can... (adv.); He/she is... 本模块综合写作的话题是"My classmate",教材没有一个完整的范文供学生参考,这是基于本模块的内容学习进行整合。在此之前,这些学生都是简单句群的组合描述写作,没有段落和话题写作的经验,这是四年级学生第一次尝试段落写作。这样的"话题式"写作非常开放,给予孩子们很多创造性写作的空间。

(二)教学目标分析

基于对教材的解读和学生基础的分析,确定了本课时写作的教学目标。

(1)激发旧知,综合运用本模块知识、核心词汇、句型和以往学过的知识,从姓名、年龄、外貌特征、能力等方面完整规范地介绍自己的一个同学。

(2)培养学生写作的段落意识和写作思维。

(3)能正确书写,通过自我纠错和互相纠错,培养孩子的纠错意识。

(三)研究过程

第一次教研活动:教师指导下的"支架式"写作模式(确定写作课型的目标和推进策略)(教研活动现场)

L老师:我觉得这节课的话题学生都很熟悉了,之前一到三年级都接触过,口语表达也是很丰富的。但是结合我们现在这个年级教材内容的学习,特别是用刚学完的物主人称代词"His/Her"来对他人的外貌特征进行描述,经常与人称代词"He/She"弄混了。我应该如何结合学生的旧知和本模块新学习的内容帮助学生构建一个新的作文框架呢?

C老师:这个"My classmate"的话题学生很熟悉,能口头表达,但就是不知道能不能写出来,而且我们要让学生写到怎样的程度,要包含什么内容,写多少,我们要定个目标吧?

H老师:本年级教材关于"My classmate"这个话题,对于学生以往的学习有了一定的复现和提升,话题的复现和部分表达单词与句型(He/She can... He/She is...)的复现。如果我是学生,看到这个写作话题,我就会想写我最喜欢的同学,写她的外貌、兴趣等。先看看学生自己是如何来描写同学的,再来帮他们提升和优化。

L老师:基于教材的学习内容、学生经验水平和教学目标,我们将从学生的角度出发思考,让学生讨论建构写作的维度,同时展示一篇范文,在学生的基础上就本次写作话题的内容维度框架进行建构,引导学生如何就当下话题进行写作。同时基于教材文本和目标语言建构一篇写作范文,给予学生学习和模仿的方向。

最终讨论出本次教学的推进逻辑如下:

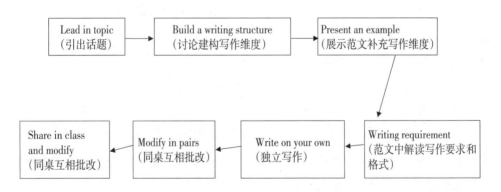

第一次课后,听课老师指出学生写出来的作文同质化比较严重,句型结构已经固定。学生之间的交流互改时间不足,教师的评价反馈和内容都没有方向。回顾教学过程,发现教师对学生讨论的维度的词汇和句型进行了补充,给学生一定的词汇和句型框,很多学生都是看着黑板写或者是拼凑组合,没有经过自己的思考和整理优化。总而言之,老师给得过多,框住了学生的思维,而且前面指导示范时间过长,后面没有留给学生更多时间写作和批改。教师对学生的资源反馈总结不清晰,没能做到资源的整合和优化,更多的是泛泛而

学科教学

谈,没有做到将学生的错误资源类聚和优秀资源提升转化。

第二次教研活动:探究小组合作下的"话题写作"策略

B老师:这是自上而下的"支架式"英语写作课型,基于学生的已有经验和老师的范文补充在互动中建构的写作维度。但教学过程中教师的指导时间过长,过多的时间用于激发口头语言知识、讲解作文的格式要求。学生的写作时间和教师指导学生笔头的时间也相对有限,一节课到达初步讲解就结束,并没有完成相互修改、教师点评再修改的步骤,写作课更像是"指导性"写作课,学生落实在写上面的时间还是比较少,学生之间在写作层面的相互学习与资源互补的时间和空间都有限。如何在这样大数量班级下开展写作,让每个学生都可以参与到课堂的写作中呢?是否可以将写作的任务分块、分组开展,将一个"话题写作"任务分到小组中开展,每个学生分任务写一部分,小组共同完成一篇文章?

H老师:阅读课上分小组合作完成学习比较常见,学生都能畅所欲言,但如何在写作层面开展小组合作?写的交流在一节课中如何实现呢?

B老师:这次我们不再给出范文。首先呈现写作的话题"My classmate",让学生讨论写作的维度,教师帮助归纳总结。根据"组内异质,组间同质"的原则,将班级学生进行分组,学生以六人为单位组成一小组,小组每个成员根据划分的维度,每人至少承担一个维度,六人组合完成一篇完整的文章。过程中各大组每个书写相同维度部分的同学再组合交流,相互补充学习,将最优资源带回自己的组内进行分享。组际相同维度的同学进行交流后回到自己组内,组内讨论将每个部分再调整组合完成一篇完整的文章。教师呈现小组合作的作品,班级分享点评,帮助孩子们进一步改进和优化。

L老师:我们从来没有尝试过这样的合作写作方式,不知学生能否完成。

讨论后重新修改写作教学的推进逻辑过程,打破常规个人写作的方式,以小组形式完成一篇作文。整理出下次课的教学推进过程如下。

课堂上学生对小组合作写作的方式感到很新奇,心情也异常兴奋,感觉参与度很高。开课不到5分钟,学生就落笔写作,自己独立完成自己的部分,小组内每个人都有自己要写的东西,而且完成的任务量相对较轻,缓解学生畏写的情绪。但是进入组际的同维度写作部分同学进行交流时,学生比较混乱,不清楚具体的任务应该如何落实,比较任意性和随机性。学生似乎没有理解教师的任务指令,进入一种自由无序的状态。学生不知道如何去修改后再交流,相互修改的过程中有些学生是处于游离状态或者只是在旁观,并没有真正参与到其中。回到组内的合作,学生之间的合作方式也不是特别清晰。教师需要在过程中停下来再次阐述任务要求,耗时且低效。在一场混乱中,学生在小组内组合成一篇完整的文章,再次以小组为单位呈现一篇完整文章,在课堂上一起欣赏并修改。这时候老师把评价的权利还给学生,学生会从作品的书写、句数、句式和语法等方面进行剖析,教师再帮助学生总结归纳评价的方向,并对学生在错误问题上进行聚类。但是对学生作品的进一步优化和提升并没有体现,更多的是停留在纠错上。

　　课后针对课堂上出现的现象,教研组内也展开了讨论。

　　L老师:学生第一次尝试以小组合作的方式完成写作,是一次新的尝试,这种教学新路径有一定的吸引性。由于"新",学生日常的小组合作写作常规并没有建立起来,学生在实践过程中都是比较混乱的。我看着学生混乱,自己也跟着学生走,这样大规模的小组合作让我有点不知所措。

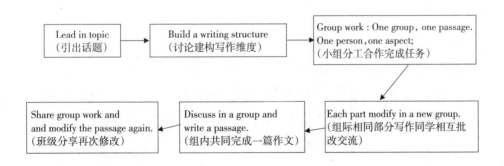

　　H老师:学生第一次尝试小组合作写作,最大的问题不是内容的难度,而是对于推进过程中具体任务的分配与落实不清晰,学生没有理解任务的内容和具体操作的方法。我觉得是可以理解的,小组的合作常规不是一两节课就能养成的,是一个长期的积累过程。

　　C老师:我觉得我们可以在屏幕上呈现分工图,结合语言一起下达任务,在得到学生理解、确认之后再下放,不能在不清不楚中开展,教师的指令清晰是

学科教学

非常重要的。

L老师:我也很认同。另外就是关于教师的评价反馈应该如何引导处理。我们日常教学中修改作文都是帮学生纠正错误,然后评分。但是感觉在课堂上这样公开纠错好像很打击学生的自信心。

H老师:小学英语写作成果并不是要求采用"一刀切"的评价方法,而是让教师对每个学生都有信心,不放弃任何一个学生,营造乐于写作、善于写作的学习氛围。因此,我觉得教师首先应肯定学生的劳动成果,找出优点,发现学生写作的勇气与努力,再从帮助学生提升的角度进行纠正、优化和丰富。有部分孩子其实语法错误很少,老师就应该在优化、丰富和意义性上下功夫,帮助不同层次的学生都有收获。丰富是指内容更加饱满。有意义是指要有主题。以"My class-mate"话题为例,老师要孩子描写My classmate,那描写人要有意义meaningful,可以增加价值词语,可以是my interesting friend,也可以是my good friend,这样学生就知道不能随意地写,知道一个关键的意义,"话题写作"才能凸显优化、丰富和有意义。教师要这样慢慢引领孩子,孩子会越来越喜欢写作。

(四)研究总结

从本次小组合作下的"话题式"写作课型的研究过程中可以看出,写作教学的策略和推进路径不是只有一条路,帮助指导学生搭建写作框架,一个学生完成一整篇作文,然后同桌互评、教师点评,模式相对中规中矩,学生之间的互动和资源交流较少。因此,"新基础教育"理念指导下的英语习作课堂教学关注每位学生的学习和发展,重视生生和师生之间的互动交流,资源的学习转化和教学过程推进策略,实现学生个体和共同体的共同成长。

(1)目标先行。重视目标先行和个体写作先行。以"4A My classmate"的写作课为例,目标是要介绍一个人,介绍他的哪些方面? 写作教学,一定要目标先行,写作一定是目标驱动的。目前国内有一些写作教学课,一开始都不知道是在进行写作教学还是词汇、句型教学,前面讲解了很多词,后面5分钟才进行写作,这样是不够的。个体写作先行。每个学生都是不可替代的,因为读和写都是个人的事情,只有自己会阅读,才能与别人分享。每个个体的参与才是合作的前提和基础,所以要重视目标先行和个体读写先行,然后是组内和组际的分享。

(2)差异互动,组内和组际的分享。学生平时在组内交叉批改习作要花很多时间,所以可以采取分小组合作,组内先分解任务,面对面的两个同学也就是两两进行批改和学习欣赏,然后是组际的互动,最后是全班性的互动。这就是我们说的差异互动。在互动中才会有差异性和丰富性。

(3)教师的反馈。教师的反馈是一节课提升和转化的阶段,帮助学生清楚自我的不足和改进的方向。教师重心下移之后收集众多资源,就要进行反馈,同时还要让学生参与到点评中来。学生观察到的和点评到的可能是比较点状与片面的东西,老师要加以指导和总结归纳,帮助学生建构一个整体的和有逻辑的知识结构。很多时候教师对学生的点评指导都是泛泛而谈,或是更多关注语法知识点和句子的正确性,没有一个系统的反馈逻辑。其实我们可以有逻辑性地教会学生们如何进行点评,如何欣赏一个句子、一个段落或是一篇文章。例如,看段落与段落之间的关系,看它们之间的意义要合理,要合乎逻辑;看它们之间是不是reasonable 或 meaningful;再看句子是否正确;看句子是否漂亮。看完这篇文章后,老师要引导学生,接下来要怎么办。

(4)要进一步变化。老师引导孩子要怎么使这篇作文的表达更好? 如何更优化呢? 比如以"4A My classmate"的写作课为例,李老师这节课有老师观察到孩子有很多的变化表达,例如he can't 或 he can not do something。老师要引导孩子们将这几句话优化表达、组合表达。还有很多学生写的句子很单调、很枯燥,可以让大家一起来想想怎么优化再回答老师。又如在修改作文时,先让所有的孩子一起看,并且一起来修改自己的作文,修改作文不是罗列更多句子就是最好,而是让句子变得更漂亮,密度更大,所以在写作教学中教师就要做一个反馈者、评价者、引导者、建构者。因而教师的作用是不可或缺的。学会欣赏、肯定他人的劳动成果后,再进入纠错层面,单个句子修改之后,要进一步关注句子与句子之间的关联性和逻辑性。教师的反馈要条理清晰,一步一步推进反馈,帮助学生修改的过程,也是给学生一个示范指导作用,引导学生进行自我的修改和丰富提升。

四、基于实践研究的再思考

"新基础教育"理念指导下的"话题式"写作教学要关注写作话题的意义性,写作内容的开放性、正确性和丰富性,写作逻辑的整体性。不论是基于"支架式"写作的教学策略,还是"小组合作式"写作的教学推进方式,都要关注教学目标的整体性、教学内容的意义性和教学过程的递进性,真正发挥学生在学习过程中的主观能动性,培养学生的思维能力和写作能力。

(一)基于教材和学情选择写作话题,确定教学目标

写作教学要做到目标先行,在单元核心知识和学生实际经验的基础上确定写作目标。目标要求不宜过高或偏低,偏低的目标要求缺乏挑战性,过高的目标要求学生会出现畏难情绪。而教材的话题一般与学生的生活息息相关,基于教材的"话题写作"是对学生所学语言知识的进一步巩固,能同时反映学生的语言表达能力和思想认识。在写作过程中对信息进行判断、加工和升华,有助于学生逻辑思维能力的培养。

(二)基于学生学习基础设置开放性问题

充分研读写作话题的意义性,教师可以先写一篇关于此话题的文章,了解到部分的表达就是相对单一的,没有丰富性可言。在设置任务时,避免把封闭性的问题下放给学生讨论,如在描述个人的一些基本固定的信息时,让组内成员畅所欲言,那得出的结论都是一致的,这样的讨论是无意义的。设置开放性问题,避免封闭性问题,学生在思考的时候就能放得开。教师要提前做好预设并积极引导。

(三)学习共同体(小组学习)的建设要落实到日常教学中

经过这次实验课,发现学生的大组合作意识较薄弱,组内成员分布不均衡,每个组别之间有差异,组内任务完成效果不佳。由此可见,学习共同体的建设要在日常教学中开展,首先教师要分配好小组,保证组内的均衡和组间的差异不大,通过各种课型和任务锻炼孩子的配合学习,扎根日常教学。

大任务下的小组分工合作,人人有任务。以"4A My classmate"的写作课为例,打破传统支架式独立写作,以六人为小组形式共同完成一篇人物的写作。教师与学生共同建构写作的维度,让学生知道要写什么,小组内对内容分工,一个学生负责写"基本信息特征"方面等,一个学生负责写"能力"方面,一个学生负责写"爱好"方面等,让每个学生都参与到写作的任务中。组际同类型任务的同学进行交叉学习,相互修改和补充,增强学习共同体的学习力量。回归到小组内再进行组合补充,对组内每个学生的写作部分进行排序,最后形

成属于本小组合作完成的一篇作文,是一个集体作品,集聚每个孩子的智慧,每个孩子的价值都有所体现。过程中会发现孩子慢慢学会欣赏他人,学会小组相互配合、分工合作,学会帮助纠错等。这是共同体在学习过程中潜移默化获得的育人价值。

(四)教师的引导和反馈能力要加强

实践研究发现,老师对学生资源的回收与处理的能力较弱,主要在给学生纠错,忽视了对学生的肯定。教师应该起到引领的作用,首先是肯定学生的努力,帮助学生建立学习自信心,也让其他学生学会欣赏和肯定他人。其次是教师应该抓住学生的普遍性问题进行聚类问题的指点,指出共性问题。同时,教师要学会在学生的能力基础上再优化,帮助学生改进作品,往更高层次跃进。

(五)课堂文化要不断提升,形成学生互相欣赏、互相学习的良好课堂文化氛围

"新基础教育"的课堂一直致力于在教学过程中实现育人价值,关注全体学生,重视每一个个体,让每个学生在每一节课堂上都有所获得,实现积极主动、健康发展的目标。我相信,学习共同体的建设是我们开展高效学习课堂一个很好的策略方向。只要我们坚持不懈地做下去,相信我们写作课的新模式很快能够建立起来,学生们各方面的综合能力也能得到更好的培养,共同实现小学英语写作新"特色"。

参考文献

[1]卜玉华.英语教学改革指导纲要[M].福州:福建教育出版社,2016.

[2]华东师范大学"生命·实践"教育学研究院.学科教学的育人价值及其开发[M].上海:上海教育出版社,2017.

[3]叶菲.核心素养视域下小学英语写作教学策略的研究[J].教学研究,2019(19).

[4]李玲.小学高年级英语写作训练:由"扶"到"放"[J].小学教学研究,2019(7).

[5]凡海娟.浅谈译林版小学高年级英语话题写作教学设计[J].内蒙古教育,2016,12.

[6]杭艳萍.提高小学高年级学生英语写作动机的教学实践[J].基础教育论坛,2019(3).

学科教学

创生内化的科学研究

深圳市光明区李松蓢学校　陈晓燕

"新基础教育"关注每一个学生,将学生"主动性""潜在性""差异性"聚集到"具体个人"的概念上,要求把学生当作"具体个人"去认识和研究,"要承认人的生命是具体个人存活、生长、发展的"。把教育价值观聚焦到为每个学生的终身学习与发展、实现幸福人生奠定基础上。

"新基础教育"目标是:培养主动健康发展的人。"健康"不只是指身体健康,还指学生个体的精神和心理健康,以及思想品德和社会性的健康发展。其中,道德要求是基础性构成。人的健康发展包含着对人的发展的价值导向。人的"主动"发展,是"新基础教育"研究始终关注的核心问题。主动发展观强调个体的发展,只能在人与其相关的各种关系和本人参与的各种活动交互作用中实现,是一种开放的生成性的动态过程。唯有采取主动方式去参与形成积极的关系与活动,在活动中实现自我发展的人,才是具有生命自觉的人,才能在复杂多变的现实中实现其生命价值,创造理想的幸福人生。

基于"新基础教育"的特点和意义,谈谈它在创生学生内化教育方面的价值。

一、让核心素养在课堂上真实地生长

核心素养是个人在信息化、全球化、学习型社会,面对复杂的不确定的情景时,综合运用所学的知识、观念、方法,在解决实际问题时所表现出来的价值观、必备品格和关键能力。核心素养强调的关键是价值观,强调对真实、复杂性问题的解决能力。

核心素养培育的落实不仅仅是教学内容的选择和变更，更是以学习方式和教学模式变革为保障的系统变革。要真正实现学习方式的教学模式的改变，需要深刻理解人是如何学习的，需要回归学习的本质，回归学习是对问题的探究。项目化学习是体现这种学习本质的方式之一。项目化学习要引导学生在真实情境中发现问题、解决问题，并在解决问题过程中去发现新问题，呵护和点燃学生的学习热情，引导学生探究并体验包括学科知识在内的外部世界，发展对学科以及外部世界的内在兴趣。项目化学习最重要的价值是对问题持续不断地探求，这是学习的本质。探求的过程不仅是实现对外部世界的探索，而且要在对外部世界的探索中不断追问自己，不断形成自己的价值观念，不断形成自我的精神世界。

"新基础教育"是有思维含量和思维发展意义的教育。"新基础教育"要让学生透过问题的情境看到问题的本质，要在实际问题的探究和解决中，调动和激活相关的知识，形成可迁移的思维方式。比如教科版小学科学一年级上册"做一幅叶子画"这一课时，围绕"如何做一幅叶子画?"这个问题，学生脑洞大开，提出需要解决的许多小问题：①叶子在哪里? ②叶子有什么特点? ③需要什么样的叶子等问题。从这个意义上说，教育是创造条件让学生不断迸发思维火花、产生精彩观念的过程。

"新基础教育"要让学生热情而有创意地生活。我们的孩子不能只是学科知识的复制者，而应该是有灵动生命的生活者。比如在我指导学生探究"光的反射"时，学生在探索、观察中发现反射的光也是沿着直线传播的，但是反射的光比入射时的光弱了一些，这是为什么呢? 提出了问题，引发了思考。由此看出，项目化学习真实情境的特征联结了生命、学科和世界，赋予他们探究的双眼、具身的体验，促进他们更热情、更自由、更富有创造性地投入对世界的探索中。

"新基础教育"要让学生感受到学习的意义。所谓"意义"，就是人生活的目的，即谋求人与世界更好地相处，具体就是谋求完善自我，完善与他人及社会的关系，谋求人与自然的关系。这个意义是在有效与无效之上的。更好地实现这个意义就是有效。当这个意义无法实现的时候，再多的用符号表达的知识记忆，其意义也是缺失的。"新基础教育"学习的过程和成果都应该让学生获得学习的意义。

学科教学

二、让学生成为心智自由的终身学习者

心智是心灵与智慧的融会贯通、浑然天成。心智是宇宙的精灵、时空的造化。学生在日常生活中学习,有自己的价值准则和独立人格,内心充实,富有想象力和创造力,将学习所得用于创造更丰沛的人生和更美好的世界。学习是自己的事情,我自爱学,想学,与其他无关。比如在教学"搭一座桥"时,由学生自己设计、自己动手、自己完善,促使全班所有学生主动参与。在这次活动中,老师作为指导者,无须像一般的教授课一样,关注学生的听课率,因为所有孩子都在主动参与、积极思考,甚至平时坐不住的孩子都能专注地在位置上进行设计和制作。

心智自由的人开启的是一种生命之学,为己之学。当一个人直面生命中真实的知识与学习,才能持续追求并坚持学习,寻找更多的学习机会,即使身处困境,也能勇于向前。这是一个人不断联结自我与他人,创造人生意义的过程,也是不断解决与学习有关的真实问题的过程。

费希特说,教育必须培养人的自我决定能力,而不是去培养人适应传统的世界。教育不是首先着眼于实用性的,不是首先去传授知识和技能的,而是要去"唤醒"学生的力量,培养他们的自我性、主动性、抽象的归纳力和理解力,以使他们能在目前还无法预料的未来局势中做出有意义的选择。

为了培养这样的学习者,需要从幼儿园、小学阶段开始奠基。很难想象一个没有经历过真实玩耍的孩子,没有被真实问题困扰过的孩子,没有体验过生命快乐奔放、思维自由的孩子,可以在长大后成为一个具有自由心智的人。"新基础教育"学习,与其他学习模式共存,共同促进学生的成长,培养心智自由的学习者。

三、让学生有自己独特的幸福感受

教育既有促进个体发展的目标,也有促进社会价值取向的目标。从尊重孩子人性出发,教育在培养社会人时,也应关注孩子作为自然人的个体幸福;在为孩子的未来着想时,也应关注孩子当下的幸福体验。"幸福为本"应该成为基础教育的基本理念。

在"新基础教育"中,就会有多种多样的体验活动,使学生体验到幸福。比

如在教学"做人体内部器官模型"时,其中有个问题是:肚子饿了会发出"咕咕"的声音,那么这个声音是由哪个器官发出来的呢? 有的孩子说是胃;有的孩子说是肠。为了更好地解答这个问题,可以引导学生两人一组,相互听听对方的胃和肠这两个位置,仔细听听哪个位置会发出"咕咕"的声音,通过学生的亲身体验和感受,获得了一致的结果,而且这个知识的获得,远远比老师的灌输好很多,在两人一组的体验活动中,学生脸上绽放了幸福的笑容。体验幸福,离不开教师对学生的人文关怀和师生间的情感互动。教师要能把握住教育的细节并将其转化为学生的幸福体验。

教学是学校师生日常活动最基本的构成,每个课堂都是学校的"全息点",从一滴水可以见太阳。"新基础教育"研究中,重视营造师生共同参与的整体性实践活动,师生交互作用并生成智慧的动态过程的氛围。让学生在"新基础教育"理念的课堂上"活"起来,"让课堂焕发出生命力",意味着"从生命的高度",用动态生成的观点来认识课堂包含的多重丰富含义。"课堂教学是教师和学生共有的人生中的重要生命经历,是他们个体生命的有意义的构成部分。对于学生而言,课堂教学是其学校生活的最基本构成,它的质量直接影响学生当前及今后的多方面发展和成长;对于教师而言,课堂教学是其职业生活最基本的构成,它的质量直接影响教师对职业的感受与态度、专业水平的发展和生命价值的体现。总之,课堂教学对于参与者具有个体生命价值。"

在复杂的、变动不羁的时代,教育有自己的使命、理想和追求,需要我们安静和专业地去对待。我相信,只要我们认准一个目标,脚踏实地地去做,目标就一定会实现。

参考文献

[1]叶澜.教育创新呼唤"具体个人"意识[J].中国社会科学,2003(1):92.

[2]叶澜.试析我国当代道德教育内容的基础性构成[J].教育研究,2001(9):3-8.

[3]夏雪梅.项目化学习设计[M].北京:教育科学出版社,2018.

[4]陈钱林.教育的本质[M].成都:天地出版社,2020.

[5]叶澜."新基础教育"论——关于当代中国学校变革的探究与认识[M].北京:教育科学出版社,2006.

学科教学

在学习中滋养生命自觉

——"新基础教育"小学低段科学教学思考

深圳市光明区马田小学　陈慧仪

"新基础教育"就是教育时代性、社会性和人文性在我国当代基础学科教育教学改革发展中的一个重要聚焦,以加快创建新一代基础学科教育教学理论和21世纪新型教育学校为显性发展目标。叶澜教授说:"对孩子的真正成长而言,我们绝不能满足于制作'孔雀屏风式'的表面文章。"有幸抓住"新基础教育"赋予我们的机遇和挑战,内化"新基础教育"思想过程中得到了许多启发与唤醒。以下我将论述在初步实施"新基础教育"理念下,小学低段科学教学策略原则和方法。

一、站在学生角度设计教学

(一)设定达成度高的教学目标

苏霍姆林斯基说:"未来的教师,我亲爱的朋友! 在我们的工作中,最重要的是要把我们的学生看成活生生的人。"在"新基础教育"思想的熏陶下,我体会到,站在学生角度,充分考虑低年级儿童的年龄特点与认知规律具有重要的实质意义。小学科学教学主要在于培养小学生独立观察生活自然现象的良好习惯,锻炼小学生的逻辑思维能力。基于学生的具体情况,教学设计环节必须是主要根据学生的特点进行设计,要贴近教材提出全面、具体、准确的教学目的和要求,勿过泛、过高、过难。比如一年级上册"用手测量"教学中,活动手册上的表格要求先估计再测量。实际情况中遇到了困难,一年级学生没有估计这个概念,不明白如何估计。充分理解学生思维水平后,我认为在这个阶段对于估计大可不做要求,只要提及实验前预估环节的重要性即可。教学目标也要按学生个人能力分层次,尽可能让大部分学生达成目标。如果低段课堂上每个学生都能体验到初步学习科学的欣喜,那就是为学生科学素养发展打好了基础。兰本达教授认为:"一定的教学方法形成相应的思想体系,这样的思想体系中就应该包含着如何正确思考的思维教学方式,什么样的思维教学方法中就培养着什么样的高考思维教育方式。"所以教师要清楚各样的教学环节在教学整体结构中起什么作用,能培养学生什么能力、提高学生哪方面的思维能力。

(二)形成单元整体备课的习惯

整体教学备课是整个单元课堂、教学准备工作的重要起点,也是上好一堂课的重要教学前提与基本保证,没有对一个单元整体教学备课的全面教学考虑与周密教学设计,就注定没有在课堂上的有效教学引导与课堂动态知识生成;没有教师上课前的胸有成竹,就没有在课堂教学中的游刃有余,这在很大程度上帮助了教师明确学段目标。2017年版《义务教育科学课程标准》中解释了,教材采用以概念为核心的框架结构。比如,一至三年级数学侧重通过观察、测量和体验确定这些物体的基本属性。在一年级上册第二单元"比较与测量"中,以体验各种测量方法为教学主线。用不同的测量工具和体验测量方法等来测量一些特定物体的直线长度,使学生都能够获得丰富的实践经历,进而体会到人类历史上比较与测量在不断进步,科学的方法大大方便了人类的生活。而在课堂上教师不仅可以将学生课堂体验分为多层次,进一步将学生思维活动牵引到每个学段的目标,使学生在体验中不断加强对这些物体基本特征的正确认识,还可以在一次次反复的体验探究中不断提高对这些物体基本属性的正确理解。只有将书本知识和学生现实生活沟通起来,才能完成人类社会文化向个体成长转化的过程,内化学生自己的本领。

二、营造良好的小组学习探究氛围

实验探究式教学法在我国小学教学中已经得到了广泛运用,这种教学方式逐步发展,得到国家重视,是学习基础科学知识、技能的主要途径。小组合作学习是实验探究活动的主体。小组合作学习通过学生之间的互动交流能够实现优势互补，从而促进知识的建构和培养学生对思考的热爱并使用到生活中，以致从此热爱探索、创造、解决问题。

（一）组员的合理分组、分工合作

学生分组、分工合作在实验完成度上起着关键的作用。在课堂中观察到，对于一、二年级低段的学生来说，4～6人小组的学习积极性较低，因为思维水平上的障碍、主观驱动能力差、缺少可以推进实验的同学，加上此年龄段学生尚未形成良好的科学表达能力，所以在培养低年段学生的小组合作能力时，一开始可以先从简单的同桌2人小组开展活动。随着年龄增长、熟悉流程后，再进行4～6人小组活动效果会更好。

在低段科学活动的开端，可以由教师设定好职务，如操作员、观察员、记录员、材料员等。根据学生个人特点设定职务担任一段时间，让学生各有所职，主动参与到活动中。熟悉后可以根据情况对各种职务进行轮换，保证学生科学小组合作能力全面发展。另外，各小组应设立一名小组长，小组长要选择有一定管理能力、有责任心、学习能力强、组织能力较好的学生。小组长起推进活动的作用，同时也可以扶持能力稍弱的同学。通过合理设置分组、分工合作，大大提高了小组学生群体参与各项活动的积极性，激发不同层次小组学生的学习积极性和主动性，从而充分发挥和突出各小组的学生群体合作优势。

（二）基本操作必须人人会

学科的存在价值是"育人"，学科教学是为了促进学生发展，学科育人价值的开发依据是学生的生命发展需要。拥有基本操作能力，这个是学生人生发展基本需要。霍姆林斯基说："我的每一个学生选择这样一条生活道路和这样一种专业，不仅给他一块够吃的面包，而且给予他生活的欢乐，一种活着的自尊感。"教师要给学生扶持，准备充足的实验材料和时间给学生体验。比如，在教学《认识气温计》时，有一个环节是观察并使用气温计。在科学课中许多实验活动都需要使用气温计进行测量，对于气温计这个仪器就需要学生熟练掌握使用方法，而且这个环节中小组合作的意义不大，可以让学生亲自动手，给每个学生一个气温计体验，人人都是操作者。

(三)根据目标明确实验安排

低段实验活动的规则呈现给学生的时候不能文字烦琐,尽可能用简洁明了的方式说明流程,如操作演示视频、动图。最后还要根据预想情况,给出注意事项。实验一般不宜进行太久,也不宜反复。原则是在大多数学生已经获得了知识而感到满足时予以结束较为适当。实验研究教学活动如果持续进行太久,学生的实验研究兴趣就可能逐渐下降,注意力逐渐趋向涣散,甚至还有可能会发生不遵守要求、教学规则的各种不良现象。实验活动进行的时间如果太短,多数学生在科学实验活动刚开始不久,兴趣正高涨,还没获得应有的结果就结束,也必然会影响教学的效果。低段学生还需要有口令指示,在听到教师开始命令后活动,听到结束命令后停止活动,使活动高效可控。在使用器材的活动结束后还要安排学生整理学具,这既是科学教学也是科学活动的基本要求之一,是培养学生良好科学习惯的一项有教育意义的具体措施,应尽量使实验活动善始善终。

三、基于学生层面有向开放

"新基础教育"课堂教学追求"有向开放"的"生长性"推进过程。教师和学生是教学过程的共同创造者,使课堂教学充满生命活力。"新基础教育"研究中,课堂教学被视为一个师生共同参加的整体性实践活动,是师生交互作用并生成智慧的动态过程。让学生在课堂上"活"起来,"让课堂焕发生命活力","新基础教育"强调的是师生通过互动共同创造教学过程、教育生活。如果要说模式的话,可以说这就是"新基础教育"模式的内涵与追求,是对教育发展研究的一个深度转换。关注学生的需求,关注学生发言。每一个教学板块设计都要有"放""收"的概念。比如在二年级科学"神奇的书"一课中,学生在实验活动中有以下要求:分别用木棍、毛笔、铅笔在泥板、竹片、白纸上写下你的名字。活动后教师提问:用这三种材料书写的时候,它们分别有什么优缺点呢?这里主要是把重心再次下放,通过引导学生说说自己使用不同材料进行写字时的体验,去亲身感受、模仿从古至今以来人类在各种书籍的文字制作印刷过程中普遍使用的方法,为接下来的研讨提供了充实的实践基础。"收"是指教师总结要全面地考虑材料的优缺点,从而得出"为什么书的材料会不断变化"这一个相当有价值的思考问题,随着制作工艺材料及其使用技术的不断改进,学生认识到了需要全面地仔细考虑制作材料的优缺点,才能真正使自己设计的材料产品更好地满足现代人的使用需求,形成思维上的进阶。

教学中也要注意避免"为了开放而开放"的现象。比如"你说什么,说完就完了"。这是缺乏资源意识的表现,倾听、互动、提升等能力尚待提高。为克服此弊端,教师要加强课前学生可能的探究,课中努力倾听、捕捉、判断、多边互动、重组、推进。转换认识到每个年级学生都要形成有序的、灵活的、有结构的整体思维发展路径,把每个学生整体思维能力水平的不断提升发展作为课堂教学的重中之重,使每个学生对于解决实际问题的思维能力不断得到提升。

四、结语

"新基础教育"是中国的,也是当代的;它是教育学的,是在科学研究、教育实践过程中创造产生的;它也是团队的,是有魂、有体、有血、有肉、有情、有意的;它也是一个整体,具有各种生命态,内聚着各种生命成长能量的;它也是当代中国的,是教育学家的大家庭中最具有自己生命个性和独特生命成长生活方式的"新生儿"。教与学是相互滋养、融生共通的,是思维与思维的碰撞。通过初试"新基础教育"理念实践,改变了自己的精神面貌和思想方法,重新认识自己、学生、课堂,让教育教学焕发了"生命自觉"的光彩。

参考文献

[1]叶澜.让课堂焕发生命活力[J].教育研究,1997(9):1-8.

[2]苏霍姆林斯基.给教师的建议[M].杜殿坤,译.北京:教育科学出版社,1984.

[3]王建军.叶澜教授访谈录[J].教育发展研究,2003(3).

[4]叶澜."生命·实践"教育学派——在回归与突破中生成[J].教育学报,2013(5).

[5]孙鸿雁.注重小组合作学习的实效性[J].大众心理学,2007(4).

[6]兰本达.社会结构,思想方法,教学方法:它们之间的相互关系[J].课程·教材·教法,1983(1).

[7]张向众,叶澜."新基础教育"研究手册[M].福州:福建教育出版社,2015.

科学课程的智慧构建模式探究

深圳市光明区玉律学校　陈丽平

智慧技术是指教学活动结合不断发展的信息技术,"基于智慧课堂云平台"开展新形式的教学辅导,提升教学效果。智慧构建模式在课堂中践行"新基础教育",以学生为中心的"生命观为核心"教育理念,深化了点阵技术与教学的融合,推进课堂教学变革。在科学课程中应用智慧技术,以"新基础教育"实践观为基础的教育理念,给课堂教学带来了新的尝试和探索,期许新技术、新理念、新方法、新模式、新机制为科学教学活动带来新的生机。

一、智慧技术对于科学课程的作用

(一)辅助科学实验教学

科学课程总目标是引导学生通过实验探究提升科学素养,这就需要开展大量的实验活动,通过身体力行的实验探究,深刻领悟科学概念与原理。但在实际教学中,难免会出现教学器材不足、所处环境不适合开展实验、现有条件无法完成实验等情况,这就启示科学教师可以借助智慧技术来开展,如为学生提供模拟实验教学,能较好解决部分需要燃烧、用电等较难完成的有一定危险的实验,开创新的实验教学格局,达到预期的教学效果。

(二)丰富科学课程内容

科学课程内容属于人类社会知识海洋的一小部分,知识没有边界,科学课程的教育目的也包括引导学生树立"学海无涯"的终身学习观念。借助信息技术的课外知识微课介绍,如图片素材、视频资源、知识要点幻灯片等,能在有限的时间内扩大教学容量,让学生更好地理解和掌握科学概念的内涵,从而达到丰富科学课程内容的目的。

(三)促使科学教学更加"有声有色"

小学阶段的学生对于枯燥的理论知识鲜有足够的兴趣,但是对影音形式的教学资源却十分感兴趣。这就启示教师可以借助智慧课堂中的多媒体教学,将教学内容制作成内容新颖、感官刺激强烈的视频、动画等,促使学生投入学习当中。

二、智慧技术在科学课程中的应用策略

(一)转变教学观念,提升教师能力

智慧课堂教学活动的开展需要教师对其中的微课教学、翻转课堂、线上线下混合教学等教学模型有很好的理解和掌握,从而达到预期的教学效果。随着新的教学手段在科学教学体系中的渗透,教师必须提升自身的能力素质,从而提升教学活动的质量和效果。智慧课堂必然会给教学体系带来一种变化,这种变化首先体现在教学观念上。

教师首先要转变教学观念,加强对现代教学手段的吸收。其中,教师能力素质的高低成了影响科学教学开展信息化教学质量的关键因素。要想更好地利用智慧课堂指导科学教学工作,就必须想方设法提升教师的能力素质。教师应主动转变教学观念,以更为开放的态度,主动运用信息技术学习更多的现代科学知识,实现教学内容质量的提升。同时,教师要在今后的教学工作中积极提升在信息化条件下的教学能力,为学生提供良好的教学指导。

(二)结合多媒体手段,丰富教学内容

智慧课堂中的视频、音频、图片甚至是 VR 技术可以给学生带来形象直观的学习体验,教师需要结合教材内容,以这些手段为基础,为学生提供科学的教学指导。这些富有吸引力内容的使用,解决了教材内容枯燥乏味、吸引力不够导致学生学习兴趣低的问题。将教学内容通过声音、画面等形式展示出来,借此抓住学生眼球,吸引学生注意力,有效地提高了学生的学习效率。

例如,在讲解"电和电能"这一课的内容时,为了帮助学生更好地学习电能方面的知识,我借助多媒体技术教学手段,制作有关的动画演示视频,展示电流知识,为学生提供科学的教学辅导内容,帮助学生实现理解能力的提升,借此推动教学活动的创新发展。为了帮助学生对电形成科学的认识,学好科学知识,同时帮助学生在生活当中注意用电安全,我给学生播放了一些关于安全用电的短视频,之后带着学生一起制作以干电池为基础的电路,同时让学生试着感受微小的电流。

(三)融合智慧平台,构建新模式

信息技术的应用,推动了教学理念和观念的不断创新。新技术、新思想给教学带来的改变,比如教育实施者不断持续改进教学方式,紧跟时代步伐,甚至大胆创新,走在前列。近几年,随着网络技术和大数据的不断发展,基于信息技术的线上与线下相结合的混合教学模式不断被谈及和定义,在信息技术与科学课程融合中,基于智慧教育云平台探索线上线下双线混合的教学模式,或许是科学课程建设的一个突破口。比如,我目前在学校实施的"基于智慧课堂云平台的实验教学全流程",是学校科学课程建设的一种提升。

智慧课堂的实施很多均有云平台的大数据支持。首先,云平台随时随地学习的便捷性,有利于在时间和空间上帮助学生深度学习;其次,云平台有利于整合家庭、合作办学教育资源,扩大课程服务范围;最后,云平台有利于打破时间、空间局限,便于区域间共享交流,培养学生国际视野,为各层次的人才选拔提供依据。

1.凸显"两主"优势

基于智慧课堂云平台的混合教学模式更有利于凸显教师主动、学生主体的优势。随着教育体系线上教学模式的出现,信息技术环境下混合教学模式其实就是将传统教学方式的优势和E-learning(即数字化或网络化学习)的优势结合起来,既有教师引导、启发、监控教学过程的主导作用,又有学生作为学习过程主体的主动性、积极性和创造性。同时,基于智慧课堂云平台的混合教学模式通过构建云平台小学科学教学网络课堂,包含自主学习、网络交互学习和课堂面授学习三个模块。三个模块相互结合交错,实现师生、生生、人机的互动,这样就能摆脱时间和空间对教学授课的制约,从而对认知模式、学习形式的转变起到积极作用。在这种模式下最终通过过程性评价构成一个有机整体,形成新的教学结构。

2.促进实验数据的深度探究

基于智慧课堂云平台的混合教学模式有利于开展基于实验数据的深度学习。科学课堂的实验探究是为了培养学生独立思考、开拓创新能力,其本质是培养学生的"证据"思维。目前科学教师在教学中确实重视实验数据,但由于一一展示需要较长教学时间、学生可能因"数据不自信"而更改数据等原因,常常影响到实验数据的教育价值挖掘。

数字点阵技术已经实现了纸笔书写数字化、自动化采集,它是信息技术作为辅助课堂教学手段的又一表现。传统的科学课堂教学无法在课堂上完成全班庞大数据的收集和统计,而利用智慧"点阵笔"可以有效解决以下两个问题。首先,智慧"点阵笔"能直观呈现学生记录数据的过程,可以将学生在纸质填写文本的过程动态呈现在大屏幕上,帮助学生更好地关注其他小组的完成进度;其次,智慧"点阵笔"能实时收集学生填写的实验数据,并形成柱状、曲线等数据分析图,为"基于实验数据得出结论"的科学论证学习提供更直观的"证据",是培养学生深度学习、培植学生敏锐心的资源,也为教师掌握全部实验情况提供了"精准化"数据。用事实说话,用证据论证,这是小学生实证思维的重要体现,也是进行科学探究的重要依据。智慧"点阵笔"的应用,在一定程度上促进了数据的收集与分析,有利于培养学生的实证思维和创新精神,提升教师的"精准化"教学。

3.借助大数据,形成学习档案袋

信息技术不断发展,学习者的学习过程不断丰富和完善,云平台形成的个人学习档案袋为升学等提供了可量化的数据基础。随着信息的急剧增长和知识的快速更新,终身学习成为一种不可逆转的趋势。学生学习档案袋有目的地、系统地收集有关学生的科学学习信息,反映学生在科学学习过程中的点滴进步、成就和预期迈进的轨迹记录,它能更好地促使学生朝着自己人生目标不断发展。同时,智能技术支持下形成的学习档案袋,在促进学生终身学习的同时,亦为智慧校园发展提供了新的突破口。

三、结语

在信息技术高速发展的今天,智慧课堂是信息化教育深入发展的结果,基于智慧云平台的混合教学模式为科学实验教学的立体化、精准化提供了方法。"基于智慧课堂云平台"线上与线下相结合的混合教学模式,是科学构建智慧课堂的一种探索。

参考文献

[1]李巧燕.科学智慧课堂教学模式的研究[J].情感读本,2020(8):116.

[2]田原,庞国伟.智慧课堂教学模式构建策略探究[J].科教导刊,2019(29):69-70.

[3]薛超群.智慧课堂教学模式研究[J].宁德师范学院学报(自然科学版),2018,30(1):101-103.

[4]课题研究项目"粤港澳大湾区背景下基于智能技术深度融合的科学实验课程开发",2020WQYB084。

学科教学

浅谈"新基础教育"理念下实验材料的选择

深圳市光明区光明小学　黄明俊

俗话说得好："巧妇难为无米之炊。"合适的科学实验材料是顺利进行实验活动、提高实验教学效果的必要条件和重要保证,它的有效选择与组织往往会影响学生的探究过程,影响学生对科学知识的理解和探究能力的形成。有效地选取实验材料是顺利开展实验活动、提高学生科学探究能力的基本保障。下面将以"新基础教育"理念为导向,尝试分析如何对小学科学实验材料进行选择。

一、材料的选择要面向全体学生

"新基础教育"中提到,教育是直面人的生命、通过人的生命、为了人的生命质量的提高而进行的社会实践活动,是以人为本的社会中最体现生命关怀的一种事业。在进行教育时,我们的目标是全体学生,是一个个具体的、有生命的个体,因此在材料的选择上,我们也要面向全体学生,尽量选择生活中常见的材料。根据《义务教育小学科学课程标准(2017年版)》要求,科学课必须根据小学生的实际情况选择容易理解、方便体验的教学内容。这也就意味着教师应该在了解学生的前提下,借助学生熟悉的物品、环境和生活为学生挑选合适的实验材料。小学生对一些深奥、抽象的科学知识和概念难以理解,对教师的讲解也不易听懂,就更谈不上探究的兴趣了。为此,实验的选材要贴近学生生活,让学生一看就知道是什么。学生只有了解教师提供的材料及其用途和使用方法,才会对实验感兴趣,并乐于探究科学知识。

教师选取的实验材料不但要贴近生活,还要具有普遍性,要随时可得,随处可见。以"一袋空气的质量"一课为例,课本中利用绿豆作为标准物,让学生感受空气的质量,在替代实验中教师选择的替代物是吸管。吸管作为常见的生活用品,学生每天在学校都会使用到,且价格低廉,相对易得,学生可以通过对吸管的了解进一步延伸到对空气有质量的认知。这样的材料有助于教师和学生的准备以及教学的顺利开展,同时能让学生认识到科学就在我们身边。

二、材料的选择能促进学生动力内化

"新基础教育"追求动力内化,就是要进入自觉的状态。兴趣是最好的老师,它对学生的学习有着神奇的内驱动作用,能变无效为有效,化低效为高效。要想培养学生的兴趣,就要让学生行动起来,让学生亲历实验过程或亲自动手,并在其中收获快乐,才会让学生记忆深刻。选择具有一定趣味性的材料,让学生对此产生兴趣,有利于学生的自主探究学习。《义务教育小学科学课程标准(2017年版)》指出:"小学生对周围世界具有强烈的好奇心和求知欲,这种好奇心和求知欲是推动学生科学学习的内在动力,对其终身发展具有重要的作用。"再好的材料,如果不能引发学生探究的兴趣,也不能算是成功的选择。有时候,学生熟知的器材如果能被教师玩出新花样,也会勾起学生的探究欲望,怎样选择、组合、运用,主动权掌握在教师手中。

激发学生的探究兴趣,诱发学生的探究动机,引导学生积极主动地参与探究、提高学生的探究能力是小学科学教学的重要目标。以"光的传播"一课为例,在引导学生发现光是以直线传播时,教师通过自制教具,利用激光笔分别在空气、水、玻璃中进行照射,呈现光路,通过直观的一条条笔直的光路让学生理解光是以直线传播的。这个实验教具点燃了学生的探究热情,这就是有趣味性的材料带来的效应。有趣的实验材料往往带来生动直观的实验现象,学生在获得了充分的感官刺激后,能全面地把握实验现象,进而深刻地理解相关知识。因此,教师应充分利用好玩有趣的实验材料活跃课堂气氛,调控课堂教学,提高课堂效率,引导学生走上探究的科学道路。

三、材料的选择能让学生进行真实探究

"新基础教育"专家徐冬青教授认为,真实的科学探究更有助于学生科学素养的培养。学生探究了吗? 他在怎样探究? 他探究了什么? 相对于探究的结果,更重要的是探究的过程。徐教授认为,"试错"是真实探究中至关重要的一环,在科学探究中,学生要真实地提出疑问,而不是单纯地照着老师的问题进行实验,而真实的疑问中肯定有"错误"的或者是不符合科学规律的,只有在探究这些问题的时候,学生才会发现"错误"的存在,从而认知到正确的科学规律。

在小学科学课堂上,学生热热闹闹地做实验,做到最后也能得出结论,但学生是真的探究还是假的探究? 他们有没有真正理解活动的意义? 他们有没有真正在思考,还只是记得在黑板上最后的结论呢? 他们在遇到相似情境时有没有联想起在课堂上做的一切呢?

以"声音是怎样产生的"一课为例,在引导学生探究物体发声原理时,教师不仅给学生提供了鼓、音叉、尺子等主要的实验材料,还提供了豆子、水、泡沫小球等辅助实验材料。预设是希望学生通过豆子在鼓面上的跳动、发声的音叉使水溅出来等直观现象理解声音是由物体振动产生的,然而在实际执教过程中,还未使用到辅助实验材料时,学生就已经得出"声音是由振动产生的"结论。在后续的试验中,更多的是在完成老师布置的"实验任务",而并不是在进行"真实探究",这明显是实验材料的选择对学生而言缺乏挑战性。因此,让学生进行真实探究的前提,是教师对学生学情了解后,针对不同学情,适当对实验材料进行选择或调整,对学生而言过于简单或者将材料的作用过分明确等都不利于他们进行真实探究。

小学科学课堂上,材料永远是学生关注的焦点,材料可以引发他们对科学探究的欲望,材料的选择直接影响小学科学教学活动的进行,因此借助"新基础教育"理念,可以梳理出材料的选择须面向全体学生、能促进学生动力内化、能让学生进行真实探究。这样,小学科学探究活动才能更有效地开展。

参考文献

[1]中华人民共和国教育部.义务教育小学科学课程标准[S].北京:北京师范大学出版社,2017.

[2]兰本达.小学科学教育的"探究—研讨"教学法[M].北京:人民教育出版社,2008.

[3]王晓燕.例谈小学科学实验材料的优选[J].新智慧,2020(16):82.

[4]罗宁.浅谈小学科学实验材料的有效取舍[J].中小学教材教学,2018(12):62-64.

[5]刘剑.小学科学结构性材料的选择与使用[J].教学与管理,2020(5):58-60.

[6]刘红建.小学科学探究材料选择的"三性"[J].基础教育研究,2017(16):83+85.

基于STEM理念的真探实究科学课

深圳市光明区玉律学校　周建兰

立足光明区"科学城"城市建设背景,融合并构建富有自然、社会、文化特色的教育资源,以"跨学科探究与融通"为突破,立足深度学习,STEM创新课程培养合作探究能力,建立从实际问题到方案设计、从创意设计到实践创生,让学生在生活与社会的综合实践中学习,在科学课程教学探索中搭建高阶能力。

一、"玩中学"探究式学习中体验科创

小学生活泼,动手实践操作的学习方法比简单的理论知识灌输更能吸引他们的注意力,激发他们积极参与的兴趣。近两年,学校在科学核心素养的培养上进行变革,以学习力的构建为抓手,课堂上以探究法为主要学习方法。科学探究教学实质上是一种模拟性的科学研究活动,它不直接把构成教学目标的有关概念和认知策略告诉学生,而是创设一种智力和社会交往环境,让学生通过探索发现有利于开展这种探索的学科内容要素和认知策略。课程的基本理念是突出创设学习环境,为学生提供更多自主选择的学习空间和充分的探究式学习机会,强调做中学和学中思。主要通过探究活动的重心下移面向全体学生,保护学生的好奇心和求知欲,倡导开放自由的探究式学习,突出学生的主体地位。

小组合作探究式学习,多元互动交流。科学作为一种知识体系,是科学研究活动的结果。为了掌握科学知识与技能,领悟科学的本质,学会科学的方法,养成好的科学态度,发展科学探究能力,以便更好地促进科学和社会的发

展,人们设想教学也可以采用科学研究的形式来进行,于是便有了科学探究教学的研究和实践。探究教学模式可以概括为:提出问题、进行猜想和假设、制订计划和设计实验、获取事实与证据、检验与评价、表达与交流。这种教学的基本原则是在探究式学习中多采用以学生小组合作学习的方式开展教学,学生团体在问题的解决过程中体验到探究学习解惑成功的愉悦。

小组合作探究是学生小组共同针对一些自然现象或者生活经验,经历了问题的发现、预测,实验计划的设计、验证,小组交流探讨,结论生成等一系列科学探究的过程的学习方式。这样的合作探究过程,为学生创造了多元的互动,实现了学习价值的提升。这样的学习方式是生动活泼的,是开放自由的,通过组内互动、组际交流、师生互动,学生经历了独立思考、互相提问、质疑、意见统一、实践验证、交流归纳的过程,每个环节都有可以挖掘和提升的育人价值。

科学探究式学习美育价值。 科学探究学习中,学习小组在学习和尝试运用科学方法探究科学知识、提升科学能力的过程中提升基础素养。

探究式学习本体性价值。 在探究科学知识的过程中,学生的科学知识储量不仅获得量的提升,更将实现质的提升。传统的讲授课直接获得科学知识,它的记忆是表层的,容易遗忘的,更难以运用于实际问题中。在探究式学习中,学生对于科学知识的认识是经历了问题解决后各感官体验验证获得的,是基于经验而生长的,体验深刻,记忆深刻。

探究式学习过程性价值。 探究的问题要有真实性,学生探究的问题是发生在学生身边的自然和社会现象中的问题,而不是脱离学生生活实际的纯学术上的问题。对老师精心创设的情境引起学生认知冲突做出合理猜想,启发学生积极思维,在小组生生互动中确定合理的实验计划,整个过程具有启发性。科学课堂核心推进过程部分,教学的重心是否及时下移,教学内容的配置"教结构"和"用结构"合理地呈现,学生能主动参与课堂探究活动,决定了一节科学探究活动课的过程是否具有育人价值。在小组合作学习探究活动中,学生与学生之间的互动过程是开放的,教师能捕捉和收集学生生成的新问题转化为资源,推动课程的生长,及时完成教学活动。

二、"做中学"STEM学习方式创新实践

小学科学的课堂教学帮助学生认识、掌握规律,养成用正确的科学思维看事物的想法。创客教育和教学有机结合,从培养学生兴趣开始,借助不同方式的教学辅助,让学生在课堂教学中更加注重创新活动的实践,让学到的知识不仅停留在课本和试卷中,更重要的是学会应用。科创团队以STEM教学方式有效促进学生从科学体验到创新实践,发展创新思维。

STEM教学环节首先通过生活中的问题情境引发学生产生强烈的探究活动的动机;其次是实验探究,分析实验过程,归纳总结实验原理。小组根据自己的设计利用工具进行制作加工,落实自己的设计;将自己的作品应用体验于学习生活。整个学习过程通过科学、数学、美术、技术、工程等学科的融合,让学生体验享受完整的STEM学习活动过程,完成课标要求。

STEM教学主要通过社团和科学常规课程两条路径展开。

社团STEM学习主要通过两部分展开项目化学习教学,首先,每周一、三、五由我校"酷玩"奇思妙想科创社团(深圳市光明区少年研究分所)组织学生展开物理、化学等方面的实验探究学习,体悟科学原理;其次,每周二根据所学的科学原理头脑风暴发明创意设计,解决生活中的难题。同学们在我校激光切割社团的技术支持下,合理的发明创意将会通过激光切割社团来实物化,实现实践应用。

科学课程STEM学习。我校科学课程以大单元主题实践教学,激发学生内在自主探索能力生长,有趣的科学综合实践活动,丰富学生的生活体验,激发学生的学习兴趣。科创团队凝聚团队力量以生活中不断挖掘成长与发展教育的契机。每个年级情况不同,依据教材的安排和学生的生活经验、生理特点、思维习惯等因素确立适合学生探究的实践任务。形成课上开放活动中"教结构"与课后实践探索"用结构"STEM学习方式。在真实的实践探究情境中让学生的学习直观、感性,实现学生真学习,在开放课堂中使学生的学习方式得以改变,科学素养得以发展。

"新基础教育"下多元化的美术课堂评价

深圳市光明区马田小学　程　琳

随着"新基础教育"的不断深化和教育教学改革力度的进一步加大,美术教育有了更宽泛的内涵。现今,我国的一些教育专家大力倡导加强对学生评价能力的培养,他们认为,培养学生的评价能力,能促进学生各方面的发展,从而激发起他们改造自然和社会的愿望与追求。美国等一些发达国家把培养学生的评价能力视为培养创造力的重要途径之一。因此,美术评价是我们美术教育一项艰巨而又具有深远意义的任务,是每个美术教育者亟待探索的问题。

回顾我国的美术传统教学,以教师讲述为主,往往重视了学生创造力、表现力的培养,或是侧重技法的训练,却淡化忽略了学生对美的感受力、鉴赏力的培养。在美术学习活动中,课堂里的美术评论活动安排得很少或是粗枝大叶。这样,学生很难了解自己的学习能力和水平并形成健康的审美情趣和一定的审美能力。

在美术课堂教学中,如何提高学生的美术评价能力呢? 此文仅略抒拙见,试以投石问路。

一、美术作品评价主体的多元化

(一)教师对学生美术作业的评价最重要

在学生的心目中,教师的话可谓"一言九鼎",具有绝对"权威"。了解学生的身心发展和认知规律,尊重学生的思维表现特点,关注学生掌握美术知识、技能的情况,有助于我们对学生的美术作业做出正确的评价。而教师的正确评价是对教学成果的检阅,并对激发学生的创作兴趣,逐步形成审美趣味和提高美术欣赏能力,提高美术教学质量起到举足轻重的作用。儿童美术是儿童身体发展水平、知觉能力、情感态度和生活经验的自然产物,有资料显示其特点有三个:①用色、用线大胆、果断、单纯。②不受对象约束,带有强烈的主观性,带有很多印象成分。③随意性大,对比强烈,夸张,无拘无束,在无意中创造奇特的令人惊奇的效果。在美术课堂教学中,经常可见想象奇特、充满稚趣和童真的画流露学生笔端。有一次,我在评讲《我们入队了》记忆画作业时,大部分作业表现为:①神情严肃地向队旗宣誓;②放声高唱队歌;③为红领巾争光时欢喜雀跃……有一幅作业却独辟蹊径,画中的小主人公脸上挂着长长的泪珠,这与一般学生对"我们入队了"的感受大相径庭。我仔细探究,原来在主人公手中捧着一条被撕破、玷污的红领巾。我惊讶于其独特的寓意、出奇的想象力,予以评价之后把热烈的掌声和赞许的目光送给这位同学,顿悟后的同学也争相拍手叫好。这样的例子常有出现,教师的正确导向把作业评价推向高潮,也激起了学生创作的兴趣,提高了审美能力。

(二)教师的评价固然重要,但学生的自我评价尤其关键

按苏霍姆林斯基的观点,教师不要用显而易见的刺激去激发学生对学习的兴趣,而是应在更深层次上让他们通过发现自己才能的过程,体验到自己的劳动成果。学生是学习的主人,他们有自己的个性特征,是活生生的人,很有创造天赋,他们的头脑里没有太多的条条框框,思维想象能插上翅膀飞翔,无拘无束,大胆离奇。作业中都会显现出其内心的真实感受。其眼中的世界、创作的水平不能与成人相提并论,同日而语。进行自我评价,有助于学生提高美术学习的主动性,促进其在原有水平上发展,有效地提高学习质量。同时让教师了解学生的学习态度和特点,了解学生对美术知识、技能的掌握情况以及在观念和方法上的进步,发现学生的潜能,了解学生发展中的需求,及时给予针对性的指导。在一次作业自评中,课题是人美版第一册"变脸的太阳",一年级学生刚接触想象画,此课旨在表现丰富的形象力和创造力。造型上的新颖暂不多说,从色彩方面看大部分学生用红、黄、橙来表现太阳,有一位同学却用黑色来表现。当其评述自己的作品,把自己的内心感受公布于众时,大家才恍然醒悟。原来太阳受到了来自地球的太多污染,已经变黑了。颜色与众不同,而且奇特的思维也给了我们不少启迪。自评充分发挥了学生学习的主体涌动的作用。"情由心生"，让学生将自己的感情、语言都蕴含到画中，再"自圆其说"，充分体现学生在美术学习活动中的自主地位和作用。

（三）同学之间的相互评价是一种很好的交流机会

学生自己来观察、思考、总结、评价他人的作业，在评价他人作业时，知识结构、认知水平、感情和价值取向方面因人而异，其评述是对别人作品的一种全新诠释，也是一次口头的二度创作，既能提高自己的审美情趣、发展审美能力，同时多元化的评价也使作者发现崭新的角度。例如，在低年级中，我采用先示范评述作品，适当地介绍一些评价的角度（方法），再让学生对我已经准备好的有针对性的作品进行评述，一段时间后，大多数学生就基本具备简要欣赏评述美术作业的能力了。这种方式对初期培养评述能力以及有难度的评价比较适宜。再如，学生互评也可以是小组内的评价。在课堂教学中以"帮一帮"的形式出现，让小组成员对组员的作品进行评述。这样，学生评述的机会大大增加，对于提高评述能力有很大帮助，以学生自身的眼光来评判他们的学习表现和创造成果更有说服力。在以上这些互评方式中，我还注意指导学生如何给同学提意见。例如，强调用"我觉得……希望……地方加以修改"或"我认为怎样更好"的句式让学生套用。弱化互评中容易产生的一些矛盾，强化从找优点入手进行评价，再找出不足。这样做使学生参与到评价作品内容中来的同时，对其本身就是一种综合能力的培养。首先，这样的互评过程是知识的复习与提升。其次，是知识和能力的综合运用。同时，对培养学生欣赏—评述能力和口语交际甚至包括人际交往、思维、表达等多方面能力起到很大的帮助和促进作用。

（四）家校合璧，实现美术作品评价多元化

建立美术课堂评价为主，辅以校长、班主任、学生、家长共同参与的评价制度。在教学中，我深深体会到"他山之石，可以攻玉"的深刻含义，校长、班主任、学生家长的评价更使学生受益匪浅。在一个学期里，总有两三次作业是请校长或班主任来写评语，期末请家长为孩子的作品打分。其中，所蕴含的不只是对美术作品的评价，更多的是使学生树立自信，获得成功感。

二、美术作业评价方式的多元化

学生美术作业评价方式可以是等级、评语，也可以采用评语与等级相结合

的方式,还可以采用互评或展览等多种方式。我们平常评价课堂作业,以等级的方式居多,评语次之。不论采用何种方式评价,都要肯定学生的进步和发展,并使学生明确需要克服的弱点与发展方向。同时也可适当放宽评价条件。要知道,教师不经意地给学生一次表扬和鼓励都能给学生带来极大的学习动力。曾有一位五年级男生,平时作业马虎,课堂上我特别注意他,当其他同学都进入状态,而他却漫不经心地用笔涂鸦。有一次我走过去,指着他画纸上的某一处大加表扬,说他画得有特色,很棒!还说下课我要"收藏"他的画。他顿时来了劲头,当我再一次走到他身旁,又举起他的画,端详一阵,连声说:"这里用线好,那里不错……"后来,他认真地完成了作业并高兴地交给我"收藏"。在后来的美术学习活动中,这位同学表现出的行为与先前判若两人,对美术学习的兴趣异常浓厚。从那以后,我就常常"收藏"一些优秀作品,以表示对学生作品的欣赏。

在教师评价的环节,有时我也采用五星评价作品的方式代替传统"优,良,合格"的等级评价方式,每个星代表作品中表现优秀的一个方面,如智慧之星(作品是否有想法、有创新精神)、进步之星(表现能力上是否有进步)、勇敢之星(表现作品是否大胆,敢画能画)、唯美之星(作品是否是在创造美,当成一种美的享受)、速度之星(作品完成是否及时且有质量)。每颗星用不同的形状大小或者颜色表示,每一颗星都是对学生的表现做出的肯定评价,使学生都能星光灿烂,从而增强信心,不断提高。还可以在教学活动中,让学生每人拿一颗小星星作为选票,在"参观"全班同学的作品后将小星星放到你最欣赏的作品旁,选出班级最受欢迎的作品。说说你为什么喜欢这件作品……美术作业评价方式的多样和新颖,是从注重创作结果向注重创作过程的美术教育观转变,使学生不断感受到美术作品评价的有趣,提高学生的学习兴趣和参与意识,更激发学生的创作欲望,促进潜能、个性、创新精神等方面的提高,使每个学生都具有自信心和持续发展的能力。

三、美术课堂教学多环节的评价

美术教学评价既要通过美术作业评价学生美术学习的结果,更需要通过学生在美术学习过程中的表现对其在美术学习能力、学习态度、情感和价值观等方面的发展予以评价,突出评价的整体性和综合性。

　　学生在美术学习中的客观行为表现在多个方面,如参与意识、合作精神、操作技能、探究能力、知识水平及交流表达能力等,我们应对学生进行全方位的综合评价。鼓励多样化的学习方式,激励学习热情,提高学习的兴趣和能力。随着课堂教学改革的不断深入,现代教育信息技术与学科的整合,给美术教学提供了丰富的载体,学生在美术学习中的表现也异常活跃。有一次教学"我们眼中的动物"时,当我播放声画逼真的多媒体时,学生异常活跃,我对学生的学习热情及时给予表扬。当叫学生模仿动物神情动作时,已把课堂气氛推向高潮,游戏活动激起学生强烈的参与意识、创作热情:笨拙的黑熊、威武的狮子、灵巧的猴子……活灵活现地展现在我的面前。教师及时的鼓励更是一石激起千层浪,学生甚至模仿动物三三两两、结伙成群嬉戏、打闹。当一只只生动有趣的动物跃然纸上,组成一个动物大家庭时,灿烂的笑容爬满了学生的脸颊。几个"小导游"绘声绘色的讲解,使学生在兴致盎然中再度体验成功的喜悦。以上虽说是一堂课例,纵观其过程,教师在课堂教学中每一个环节及时准确的评价对学生美术活动表现起到很大的推动作用。

　　探索美术评价的魅力,是一道崭新的课题,有待美术教育工作者共同去探究、实践。其强大的诊断、发展功能及内在激励作用将在美术学习活动中发挥重要作用,相信在不久的将来,美术评价的多元化研究将更加深入、更加完善。

参考文献

[1]中华人民共和国教育部.义务教育美术课程标准[S].北京:北京师范大学出版社,2011.

[2]尹少淳.美术学科课程标准解读[M].北京:北京师范大学出版社,2012.

[3]王建国.多元智能的教与学[M].北京:人民教育出版社,2015.

学科教学

源于生命自觉的美术研究

深圳市光明区李松蒨学校　孙　雯

　　华东师范大学叶澜教授最早提出了"时代呼唤生命自觉"这一理念。可以说生命自觉应该是教育教学改革的具体方向和课程建设的标尺。

　　在认真学习了叶澜教授的《"新基础教育"研究手册》之后,我体会颇深。书中讲道:"生命自觉是人作为具有多重属性的有机体,具有充满活力的主动内在发展动力和自主推进潜力。"其中,自觉之"觉",兼有"觉知""觉悟""觉解"之意,指向对自我生命的自觉体认,对他人生命的主动领悟以及对个体生命所处外在环境的自我反思和自我觉悟。

　　学习了"新基础教育"理念后,我一直有一个思考,"艺术教育的目的是什么? 什么样的美术课才能让学生喜欢,才能唤起学生的学习热情?"一次次的实践与尝试让我得到了答案,那就是"让课堂焕发出生命的活力",就在于使每一个生命都感到新的成长,课堂是教师和学生共同成长的地方,课堂是教学的意义与发展。当课堂演变成生命的载体,没有了师与生的界限,完全融为一体的时候,我们的教育将不会有"填鸭式"的灌输,换来的将是心灵的交汇、情感的共鸣。美术是一门艺术课,本身就具有不同于其他学科的生命色彩,它用艺术的色彩描绘着生活,感受着生活,要让美术彰显出生命的活力,要让生命的课堂动起来。小学低段的美术教育着眼于美术本身,以教育为手段,对学生传授一些基本的、简要的美术知识和技能,促进他们对美术语言、美术操作和美术创作与作品的认识、思考以及时领悟,是他们本真的生命活动,以活动过程本身为目的,满足他们的成长性需要。

　　在美术欣赏活动中,学生能初步感受美术作品中的形象、主题、内容和意义,了解美术作品的表现手法和感情色彩,并能触发一定的社会情感;在绘画活动中,学生能初步尝试不同绘画工具和材料的用法,能运用画面色彩、几何图形、人物样式等美术语言进行命题绘画,用自己的双手创造出属于自己的美术作品,进而增强绘画的信心;在手工活动中,小学低段的学生能初步尝试不同手工工具和材料的基本使用方法,形成良好的手工活动习惯,如初步学会剪、撕、折、染、盘绕、编织、插接、粘贴等各种方法处理不同的材料,用按、揉、搓、拍、压、捏、拉等手段用胶泥塑造出人或动物的基本形象等。基于以上情况,我对课堂教学策略和课堂评价标准两个方面做了以下思考。

一、"新基础教育"美术课程创设生命课堂的美术活动的实施策略

美术绘画活动是为了达到一定的绘画教育目标,其绘画的素材应该来源于生活,可将生活内容作为学习绘画的最好教材。一般来说,适合学生的绘画活动教学方法如下。

一是演示法。美术教育并不是要把他们培养成专业的画家,而是要通过美术教育促进他们人格和心理健康发展。在教学过程中,各种各样的直观教学工具,如图片、标本、模型以及教师自己的绘画作品等,都能够吸引他们的注意力。教师选择的范例应富于美感、形式多样、形象鲜明、色彩和谐,内容符合学生的心理需要,能帮助他们掌握和理解物象特征、结构和构图,还能激发他们对绘画的情感和兴趣。

二是练习法。运用练习法时,教师就需要营造轻松自然和富于情趣性的绘画氛围,抓住学生对绘画感兴趣的时机,让他们在看看、想想、做做、玩玩、画画中集中注意力,在快乐的学习氛围中进行反复多次的练习和操作,以达到掌握绘画知识和技能的目的。教师还可以适当给学生布置一些课外作业以加强巩固练习,督促他们的绘画技能不断积累、不断进步。

三是个别指导法。在学生完成的绘画作品中,教师需要了解他们的个体差异性,了解他们的兴趣爱好,把握他们的优点和缺点,使教学更具有针对性。这就要求教师具有足够的耐心,在进行个别指导过程中不将教学内容强塞给他们,以此来培养他们的观察兴趣,进一步开展差异性教学和个别化教学,达到较好的教学效果。

二、"新基础教育"美术课程创设生命课堂的美术绘画评价

教师在课堂教学中不应该再照本宣科地背诵教学大纲和教案,而是应该解放学生的头脑。让他们对生活中的美进行思考与想象。释放学生的双手,让他们能自由地创造与表现自己的艺术。开拓学生的眼界,让他们从自己的角度去观察世界,让他们自由地表达内心对美的感受,开放学生的学习空间,让他们能更广泛地接触自然美与社会美。意大利的"瑞吉欧·艾米莉亚教育体系"在谈到教师角色时常常提起这样一句话:"接住孩子抛过来的球,而不是我们不断地去抛球,让孩子疲于奔命地去接。"

美国心理学家詹姆斯说:"人最本质的需要是渴望被肯定。"课堂上老师的评价应该更丰富、更生动、更能感染学生。比如用"好,大胆些,老师和你一起画!""你画得出乎我意料!"等欣赏性、激励性的话语,体现出对学生成功的赞赏和对过失的宽容。以诚恳的态度,对学生的每一个学习过程进行评价,就能使学生放松、愉快地学习,大胆实践,在美术课中找回自信,体验成功,感受美。真正的美术课堂应该是促进生命逐渐地觉醒和显现,应当是学生发现自己的美术潜能的地方,应该成为一个快乐幸福的艺术创造乐园。当学生从课堂中走出来的时候,带走的不仅仅是美术方面专业的知识,更重要的是美术创造的能力、对自己艺术才华的信心和创造美好生活的理想,只有这样,课堂才会焕发生命力的活力,永远显示出它的生命力。

正确定位教师自身角色也是重要的一环,创设生命课堂的关键是确立学生的主体地位,让学生真正"动"起来,成为知识的主动探索者,而教师只是学生学习活动的组织者、引导者和合作者,学生发展的促进者。以往教学中,教师常常把学生当作接受教育的被动者,教师讲,学生听,教师指到哪,学生跟到哪,主动权始终在教师手里。生命课堂的提出,要把过去"以教师为主体,满堂灌"的教学方式充分转变为"以学生为主体,教师为引导"的新型学习方式。这样既培养了学生的自学能力,又提高了学生发现问题并在教师引导下解决问题的能力,更充分发挥了学生的创造性和能动性,使得单向课堂变为双向课堂,才能大幅度提高学生的学习兴趣与课堂学习效率。

对生命课堂的探索是所有教育工作者面临的一个永恒的课题,我们希望在生命课堂的教学中,用自己的热情去激起学生的学习欲望,唤醒学生的求知欲,鼓舞学生依靠自己的力量获得成功的自信心,激起学生对生活的热爱、对生命的追求、对学习的向往。

浅谈高效小学体育课堂的构建

——基于"新基础教育"理念的实践探究

深圳市光明区原爱华小学　陈学兴

叶澜教授曾提出:"用生命的动态生成观念来审视课堂教学;课堂是师生人生生命意义的有机构成部分,具有个体生命价值,教师不能完全对整个课堂教学进行预定安排,教学进程有时需要改变;课堂教学中有许多生成性资源,教师应该开发和利用这些资源,教师是学生生命发展的激活者,是学生人生的对话者,师生全身心地投入,他们的生命在课堂上涌动和成长。充满生命活力的课堂对师生来讲,具有无限的可能性。在这样的课堂上,师生不仅仅是在教和学,不仅仅是在认识世界,不仅仅是在利用已有的文化资源,不仅仅是在围绕着书本转,而更为重要的是,他们的生命向着无限的可能性开放。这样的课堂教学是真正地在育人。"这段话令我深深地感受到"新基础教育"为我的教育理念提出了课堂的思路。

世间一切,都是遇见。冷遇见暖,就有了雨;冬遇见春,有了岁月;天遇见地,有了永恒;人遇见人,有了缘分,更有了一份成长的欣喜。因为遇见你——"新基础教育",我们留下了美好的足迹;因为遇见你,我们的体育课堂发生了不一样的改变。下面我将以"新基础教育"课堂教学的改革观念系统与实践为资源,以自身6年来对"新基础教育"的研讨,谈谈体育课融入"新基础教育"理念后的高效课堂实践。

一、重心下移

叶澜教授说："把丰富复杂、变动不居的课堂教学过程，简约化为特殊的认识活动，把它从整体的生命活动中抽象隔离出来，是传统课堂教学观的最根本缺陷。它既忽视了作为每个独立、处于不同状态的教师与学生在课堂教学过程中的多种需要与潜在能力，又忽视了作为共同体活动的师生群体，在课堂教学活动中双边多向、多种形式的交往作用和创造力。从根本上看，这是忽视课堂教学过程中人的因素之突出表现，它导致课堂教学变得机械、沉闷和程序化，缺乏生气和乐趣，缺乏对智慧的挑战和好奇心的刺激，使师生的生命力在课堂中得不到充分发挥，进而使教学本身也成为导致学生厌学、教师厌教的因素，使传统课堂教学视为最重要之认识性任务也不可能得到完全和有效的实现。"

因此，"新基础教育"主张，在体育课堂上，"教师应培养学生自主学习的意识以及自主的能力"。教师在体育课堂上应该充分了解学生的学情，教学活动以学生为中心，让学生有足够的空间去思考和实践，把学生的问题、讨论权交还给学生，使学生成为体育课堂中的主人，而不是被动者与记忆者。例如，在体育课中我们可以把前面的准备部分交给体育委员或者小组长去完成，更能体现出在体育课上让学生成为学习的主人，把课堂交还给学生。

二、有向开放

有向开放，也就是有方向性的开放。现在，我们站在自己的课堂之上，即将与学生共度40分钟。从"新基础教育"对课堂教学角度的观点来说，我们首先要考虑的不是如何告诉学生我们所知道的事情，也不是直接让学生去理解、去记忆和实践完成一个动作，我们更应该考虑到如何激活学生，如何调动起学生在体育课上学习新知识的积极性，如何让学生参与到新的角度上去，这就是一种新的教学要求和视角。

"新基础教育"理念中，课堂教学的开展过程即是师生之间、生生之间对共同的教学任务，在对话中相互启发、转化和提升的过程。那么，如何在师生、生生的互动中开展教学呢？如果要学生在课堂教学中有自主的学习时间，教师

学科教学

167

就必须给予学生思考权、学习权、对话权、质疑权,"新基础教育"理念就是用"把课堂交还给学生"简明地表达了"教学的开放"。

在体育课堂中教学开放该如何表现出来呢?例如,教师在教学导入时以开放式的问题向学生发问,问过后,应给予学生充分思考的时间;在准备活动中让小组长带领各组做准备活动,开展生生互动的环节。既做到了"开",也做到了"放"。但是在课堂当中切忌"乱开放""假开放"等。

三、互动生成

体育课堂在开放过后也是学生主动去实践、学习、练习的时间。而在"新基础教育"理念下,教师要树立"学生即是资源"的观念,在课堂教学中尽量在学生个体独立学习的基础上,促进生生之间的交往互动,以达成"1+1>2"的效果,提升学生群体的智慧。在学生实践、学习、练习的过程中产生资源后,教师应该及时地反馈、捕捉。同时也要去诊断学生自主学习的基础是什么?普通的困难点是什么?可能的提升空间是什么?预设之外的学生的创造性思考是什么?如果是困难,就该给予学生进一步的指导、帮助或纠正。例如,在体育课堂上,学生在练习上遇到了动作的难点,导致不会或者不成熟,那么我们就应该要捕捉到,给予进一步指导;如果学生普遍有较大提升可能性,教师就需要做教学目标上的提升和转换。再如,在体育课堂上,本次课的内容可能比较简单,在预想时把学生的目标设低了,那么我们可以在原有的目标上加大目标,提高学生的学习兴趣;如果有部分学生表现非常出色,就需要放大它让更多的学生分享,并给予这类学生及时的表扬和激励,进一步激发学生创造学习的动力等。又如,在体育课堂上,对于优秀的学生可以进行一种比赛化教学或者是提升化教学,比赛化就是让好的学生进行比赛,在比赛的场面上进一步激发学生的激情与动力,激发全体学生学习的兴趣;提升化教学,让好的学生进行一个层次性的提升,在原有的基础上加大难度或者做出等级上的变化。

互动的生成有着师生之间的互动,也有着生生之间的互动。在学生互动后教师应及时地进行资源的回收、反馈和提升,及时诊断学生的学习状态,有目的、有方向、动态地转化、提升学生的学习。

四、育人价值

在"新基础教育"理念下,课堂教学应把培养学生主动、健康发展,团结意识、互帮互学的意识与能力作为核心价值,使学生从被动中解放出来,并提出"把课堂还给学生,让课堂焕发出生命活力""把个体精神生命发展的主动权还给学生"的教学口号。

在体育课堂教学中,育人价值非常明确。体育锻炼本身即是价值,因为学生通过体育锻炼,能够提升自我的身体素质及锻炼意识;体育课中往往也体现了刻苦的精神,每一组运动,每一个学习的难度动作都离不开学生克服困难的挑战价值,更多的是培养学生刻苦的精神,从而更好地学习;体育课也离不开团结协作的精神,锻炼、学习动作更多的是在交流中学习,在合作中学习,小组中去完成练习密度,更能够在整节课中体现学生锻炼的量度;培养学生良好的学习品质,体育课堂需要学生在日常学习中多接触、多使用、多练习、多锻炼、多积累,学好体育的同时自然也就培养了学生坚持不懈的锻炼毅力以及敢于锻炼、敢于挑战的品质。

五、分层教学设计

在"新基础教育"理念下,教学的分层往往也是教学的一种考虑,肯定有着个体的差异性,体育课更要考虑到这些差异性。但是,教学是一个实践转化过程,在处理个体差异时不能拘泥于学生本身已有的呈现方式,要在实践转化过程中从整体考虑、关联。

在体育课堂中,身体差异性原则是避免不了的,总有一批学生是学得非常好的,总有一批学生稍微差一点。那么,我们对这样的教学课堂往往采用分层教学的理念来实践,学习好的学生我们可以给予一定的器械或者一定的教学工具,让其自行地去锻炼、练习或者比赛等,体验学习中的乐趣,激发上课的兴趣。而对学习稍微差一点的学生,我们可以给予一定的帮助,在循环的指导中体验课堂的美,在教师的专心指导中体现课堂的用心,更好地让学生掌握扎实的基础知识,并且更有能力完成好教学动作。这就是"新基础教育"理念下的一种分层教学设计,让每一个学生都有事情做,让每一个学生都有目标,让每一个学生都有学习兴趣,让每一个学生都获得成长。

　　"新基础教育"的体育课堂能够真正地让学生成为学习的主人。"新基础教育"的体育课堂教学注重培养学生"做自己的学习主人"的意识,课堂教学强调重心下移,不能出现优生替代现象,促使学生主动探索和发现,让他们在探索发现的过程中体会发现美的喜悦,并将学习知识的过程看成个人主动发现新知识的过程,从而产生自我效能感。"新基础教育"的体育课堂并不是老师为学生灌输知识的过程,而是师生、生生之间多向互动、互动生成与相互锁定的活动过程。有向开放、重心下移、师生互动、生生互动、资源生成、层层递进、分层教学等的理念知识给予体育课堂一种高效性的学习教学。

"声乐的演唱形式"同课异构版本比较研究

深圳市光明区原爱华小学　何　雁

一、新基础、音乐课堂与"声乐的演唱形式"

(一)"新基础教育"与音乐课堂

1."新基础教育"理念

"新基础教育"是由叶澜教授主持和开展的,至今已有20年了。以下是我所学到的"新基础教育"的理念。

(1)四个"还给"。把课堂还给学生,让课堂焕发生命活力;把班级还给学生,让班级充满成长气息;把创造还给教师,让教育充满智慧挑战;把精神发展的主动权还给师生,让学校充满勃勃生机。

(2)以人为本。在这个过程中,教师要有一种探索精神,要有一种自我超越的精神。

(3)生态教育。"新基础教育"是要使原本就因生命存在而充满内在生机的教育,从被传统教育弊端造成的"沙漠状态"重新转回到"绿洲"的本真状态。从这个角度看,"新基础教育"可以说是教育的"生态工程",是教育的返璞归真。

(4)课堂操作。在课堂实践中是要给学生一个模式,要学生有创造的冲动,要学生越来越觉得自己是一个可以主动地、自主地创造的人。这是把丰富复杂、变化不居的教学过程简约化为特殊的程序化的单一的认识活动。

(5)模式问题。要求教师的行为是可操作的,就教学过程的结构、阶段、程序而言的,长期而多样化的教学实践形成了相对稳定的具有特色的教学模式。

学科教学

2."新基础教育"理念下音乐课的特点

"新基础教育"理念下音乐课的特点包括音乐性、审美性、过程性。音乐艺术是听觉艺术、声音艺术,这是音乐本身的特点,我们在音乐教学中就要关注音乐本身的特点,关注音乐本体。无论是欣赏教学还是唱歌教学,都要始终贯穿音乐的语言。音乐的语言就是旋律、速度、力度、和声等。在音乐教学中,聆听音响是主要的教学方式,强调教师不能用过多的非音乐语言来讲解音乐,从而脱离音乐、脱离音响。教学要解决问题,设计问题要有一个音乐的目标。教师要用音乐和学生进行交流,非音乐的东西只能处于辅助性的地位。用音乐语言去解决问题是音乐学科的第一个特点。

(二)"声乐的演唱形式"概述

1.教学内容

"声乐的演唱形式"是五年级下册的内容,而五年级上册学生已经学过了一课"我们学校的合唱节",它们在内容上有着一定的连贯性,所以我将其放在一起来上,目的是让学生对声乐、对演唱形式、对合唱有系统的认知。

2.教学内容的同课异构

作为教学新手,起初我的课堂教学框架是模糊的,课堂教学环节是不细致和不严谨的。在这种状态下加入了"新基础教育"的共生体,我观摩到了音乐课原来是这样的,孩子们原来也可以开放中不乱不闹,还能最大效率地得到能力的提升。为了切实践行"新基础教育"理念,让"新基础教育"的活性和开放性也能蔓延到我的课堂,我将自己在未加入"新基础教育"实验之前上的一堂"声乐的演唱形式"进行同课异构。之前版本的"声乐的演唱形式"的构建是非常传统的一堂欣赏课,主要以欣赏为主,从头听到尾。学生是被动式、灌输式学习,没有任何的发挥空间,并且所采用的曲目样本离孩子们的距离比较远,不太亲近,不太有时代感。

基于"新基础教育"理念,我将原来的欣赏课创构为体验式的歌唱模块课。另外,《青春舞曲》和《猜花》学生已经学过了,声乐的演唱形式还没有系统地学习过,那么我就以之前所学过的歌为例子来体验不同的声乐演唱形式,而不是采用陌生、高难度的歌曲让学生直接欣赏。相比起脱离"新基础教育"的初建课,重建课显得更加开放,重心更加下移,并且知识点研究得也更为透彻。

二、"声乐的演唱形式"同课异构版本的比较

基于对"新基础教育"的理解,我在自己的课堂上用同课异构的方式进行了实验。接下来,我将着重从教案中的关注对象,教学目标、重难点,课堂环节和知识点渗透方式4个方面进行比较研究。

(一)教案中的关注对象比较研究

对比研究"新基础教育"实行前后教案的关注对象,我们不难发现,"新基础教育"实行前,我们的传统教案,关注的只是教师本身,忽略了学生的环节,也没有设计意图。整个设计犹如一个铁笼子,都是被封住的,因此,这样的课很容易陷入教师"一言堂",忽略了学生的主体性,并且每个环节的实际意图也不是特别明确。而"新基础教育"实行后的教案是通过对教师、学生以及意图三个维度来进行设计,增加了设计意图,使教师环节显得更有逻辑层次感,关注到了学生,将课堂还给了学生,可以使课堂更收放自如。

(二)教学目标、重难点比较研究

表2-10

教案版本		"新基础教育"实行前	"新基础教育"实行后
教学目标	1	了解声乐演唱形式的特点	学生通过本课的学习,歌唱兴趣有所提高
	2	知道声乐演唱形式有哪些	师生通过"寻找大智慧的音乐小明星"活动,建立起对歌曲演唱形式的初步认识
教学目标	3	知道声乐演唱形式有哪些。欣赏本课提供的素材,能够分辨并判断作品的演唱形式	学生通过本课的学习,能明了有哪些歌曲演唱形式,并能运用相应的演唱形式来演唱歌曲
教学重难点	重点	了解声乐的演唱形式	了解声乐的演唱形式
	难点	分辨声乐的演唱形式	体验声乐的演唱形式

学科教学

在一份教案中,教学目标和重难点最能直观地体现教师的教学思路。"新基础教育"实行前,我的教学目标模式是"学生主体性不强,直接给予式的"。从教学目标的书写用语上不难看出,学生的主体主语不是很突出,并且对学生规定好了课堂动作。而"新基础教育"实行后,我对该课例进行了重建,更多地关注到了学生的立场,更注重用开放和趣味性的方式来对学生进行引导,并且在教学目标的用语上也有相应的改变。从教学重难点上来看,重点都是了解声乐的演唱形式,而难点却相差甚远,"新基础教育"实行前版本的难点是分辨声乐的演唱形式,而"新基础教育"实行后是体验声乐的演唱形式。从内容上来看,很明显体验是了解的进阶,体验是在了解的基础上产生的。因此,"新基础教育"实行后的教学难点是在学生主动参与的过程中形成的。

(三)课堂环节比较研究

表 2-11

教学模块	"新基础教育"实行前	"新基础教育"实行后
1	导入新课	对比导入(6分钟)
2	课堂活动	歌唱体验(25分钟)
3		歌唱听辨(6分钟)
4	课堂小结	课堂总结(3分钟)
5	无	板书设计
6	拓展环节	反思重建

上课的时候,教师如果不把整堂课的脉络理顺,结构分清楚,就很难实现课堂上的教学目标,也很难让学生听得懂。以前的教案模块的构成比较简单、粗枝大叶,对于课堂模块的划分不是很清晰,并且对时长没有精准的控制。之前的教案模板也没有板书设计,殊不知,音乐课也是可以有板书的,有板书的音乐课可以使课堂更加生动。

(四)知识点渗透方式比较研究

表2-12 "新基础教育"实行后知识点渗透方式

演唱形式	人数	旋律特点
独唱	一人	单一旋律
齐唱	两人	单一旋律
重唱	两个人或以上	两条或以上旋律同时
合唱	两组人或以上	两条或以上旋律同时
对唱	两个人或两组人	对答式

表2-13 "新基础教育"前的知识点渗透方式

演唱形式	概念意义
独唱	由一个人演唱
齐唱	由两个人以上至众多的人演唱同一旋律
重唱	多声部作品,由一个人演唱一个声部。根据声部及人数不等,可分为二重唱、三重唱、四重唱
合唱	将歌唱者分为两组人(根据作品声部的需要),分别演唱不同的声部。另外,合唱又可分为多种形式
对唱	由两个人或两组人,做对答式的演唱

"新基础教育"之前的版本也就是照搬书本上的知识构架图直观地观看和记忆,而"新基础教育"之后的版本则是学生共同总结出来的。殊不知,新版本边学习边总结出来的知识点恰恰是音乐课堂的灵魂。"新基础教育"的教案在语言上有更多的讲究,将语言设计好其实更有利于课堂实践,使整个课堂更加流畅。

三、开放式的"新基础教育"对再建"声乐的演唱形式"的指导意义

阅读"新基础教育"书籍,观摩"新基础教育"共生体的研讨课,参与研讨,我领悟了"新基础教育"理论对再建"声乐的演唱形式"的指导意义。

(一)教学内容的开放

传统的教学内容主要体现在理解和应用上。而"新基础教育"则强调创生和开放。我理解的创生和开放主要体现在两个方面:歌唱体验和歌曲设计。歌唱体验本身就是一种二度创作,在体验的过程中,学生肯定会基于自己的基础而产生不一样的感受和理解,而这些感受和理解本身就是一种创生。歌曲设计则是通过对歌曲的设计来达到创生的目的。

(二)教育对象的开放

"新基础教育"理念强调不能只关注少数尖子生,更应该面向大众,关注到具体的每个人。基于这个理念,我设计了同桌练习的方式,在本堂课中既达到了对唱和重唱的练习效果,又做到人人参与课堂,人人得到体验,人人得到发展。

(三)教学理念的开放

概念性的知识不是老师教出来的,而是学生总结出来的。因此,本堂课我主要通过让学生体验不同演唱形式的方式来认识具体演唱形式的特点。

四、结语

通过对"新基础教育"实施前后,"声乐的演唱形式"同课异构两个版本的构课进行研究,我深深地了解到要想很好地驾驭一堂课绝非易事。它需要我们在漫长的教学道路中不懈地摸索,不辞辛苦地实践以及不厌其烦地总结。乘着"新基础教育"之风,让我们在歌声中翱翔;乘着"新基础教育"之风,让我们的课堂更接地气;乘着"新基础教育"之风,让我们的课堂更加开放!

参考文献

[1]雷雨声.音乐(五年级下册)[M].广州:花城出版社,2015.

[2]张向众,叶澜."新基础教育"研究手册[M].福州:福建教育出版社,2015.

[3]雷雨声.音乐教学参考书[M].广州:花城出版社,2014.

论"新基础教育"理念下小学音乐教学工作转型的必要性

深圳市光明区马田小学　叶彩燕

随着中国素质教育改革的不断深入,"新基础教育"已凸显出新的时代特点。我在音乐教学实践中通过观察发现,目前小学音乐教学方法比较单调,学生的主动参与度还不够,这些都大大影响了小学音乐课堂教学效率的提升。在这样的教学背景下,小学音乐教学工作转型已经成为必要。

一、"新基础教育"下小学音乐教学工作转型的目标

"新基础教育"下小学音乐教学工作的转型,其主要目标是激发学生的自主学习积极性,让学生真正成为课堂的主体,从而促进学生音乐学科核心素养的养成。"新基础教育"的宗旨是从生命和基础教育的整体性出发,唤醒教育活动的每一个生命,让每一个生命真正"活"起来。可见,"新基础教育"之下的小学音乐教学工作转型是非常必要的。具体来说,转型的目标主要体现在以下几个方面。

(一)激发学生学习音乐的热情

小学生接触音乐课程前,往往很容易对音乐课程学习产生畏难情绪,对音乐课程学习缺乏兴趣和信心。适合学生思维特性、恰如其分的音乐课堂策略的制定,能够调动学生的学习兴趣,能够增加学生对音乐课堂的喜爱程度,进而充分调动学生的各种感官,使音乐课堂教学的魅力得以淋漓尽致地展现。恰如其分的课堂教学策略的正确实施,需要教师在教学研究中发挥集体智慧,通过备学生、备教材以及研究学生的学习特点等教研活动来完成。

（二）影响学生学习动机的形成

小学生由于年龄所限，对学习的动机还不能产生十分清楚的理性认识。学生学习的主要目的仍然是老师与课程学习的任务需要，而并没有从自我发展入手。如果通过合理的、科学的音乐课堂教学方法，有目的地提升学校整体音乐课程的教学品质，充分调动学生的音乐学习兴趣，在丰富而灵活有趣的教学实践过程中使学生的音乐情感达到非常饱满的状态，进而使学生因为内心的愉悦感和情感上的满足体验而去学习音乐，在根源上解决学生的音乐学习动机问题，使学校整体音乐课堂教学效率得以提高。

（三）引领学生音乐学习的思维

小学音乐课程的内容，对学生学习思维的引导更带有隐性特征。在音乐课堂教学中，小学生的学习特征主要体现为没有自主性，缺乏自己的学习方式，而音乐教学则全部是在老师的教学引导下进行的。音乐课程的特色之一是知识模糊性较强，且知识点相对零散，因此对学习者的音乐记忆能力和知识积累的理解需求也较高。这样的课程特点就要求老师在课堂中一定要解决怎样使学生会独立思考这么一个难点。精准到位的教学策略的执行，能够引导学生更深入课程文本的内容，启发学生的学习思考，有利于学生音乐学习能力的提高和音乐专业素质的形成。

二、"新基础教育"下小学音乐教学工作转型的策略

（一）注重对课堂探究问题的研究

老师给出探究问题，并一步步引导学生的学习思维。通过探究问题的引导，学生从音乐现象入手，收集各种音乐信息，一步一步地完成了对音乐思维规律的探究和理解。在这个过程中，学生的学习活动是多种多样的，有发现、体验，有合作探索，也有猜测、验证，更有表演、运用，活动均在教师给出的探究问题下逐步进行，充分调动了学生学习的积极性，学生的音乐综合能力也有提高。教师在教学中注意对探究问题的设计，使探究问题更契合学生的学习思路，从而有助于提高教学的质量。

（二）注重对课堂趣味性的研究

对小学生而言，课堂教学的趣味性直接影响其投入课堂教学的积极性，也能

够影响其对待知识性学习内容的态度。只有喜爱音乐课堂,学生才能全心全意地投入音乐课堂的学习中去,充分调动起积极的情感态度,提升音乐学习的效果。比如在课堂上可以采用游戏的方式,将音乐知识的学习融入游戏之中。游戏具有典型的娱乐化特性,可以给人以愉悦感和轻松感。在游戏中,学习者和同伴展开交流与互动,这样把课堂内容以有趣的形式呈现出来,就能够调动学习者的课堂学习兴趣,增强课堂的实效性。

(三)注重对创设教学情境的研究

老师要针对课堂需要,创造课堂情境,使学生直接进入情境当中,这样就可以在学习准备阶段对整个教学情境问题有非常深入的了解,更好地掌握情境中所渗透的教学信息,在愉快轻松的学习气氛和环境中顺利完成教学任务,从而有效调动学生的学习兴趣。如在《咏鹅》教学中,教师配上了精美的视频画面,创造了吸引学生的课堂情境。学生通过看视频,不仅用耳朵倾听音乐作品,还可以对音乐作品的背景、意境有深刻的体验感,这种体验将学生的情感唤起,带着浓郁的情感去体会、去感受,从而使得《咏鹅》的欣赏更加形象生动,增强了学生的情感体验,较好地实现了音乐教学目标。

(四)注重对小组合作学习方式的研究

在我的专业课堂上,采取的都是小组互动学习的授课模式,非常有效。例如,老师根据学生的学习状况把学生分为几个小组,小组成员相互之间开展协作,并通过讨论问题来进行思想的碰撞,以此收到取长补短、互通有无的效果。在竞争和协作中,生生间的互动与交流让整个课堂教学过程富有生命力,从而达到对课堂教学的创新。

综上所述,音乐教师必须改变教学观念,强调对小学生课堂主体地位的关注,重视小学音乐课堂品质的提高,把课堂还给学生,让课堂焕发出生命的活力。这样才可以让学生真正体会到音乐学习的快乐,并在这种乐趣中获得学习能力的发展与综合素养的提升。

参考文献

[1]邢丽梅.小学音乐教学研究[J].读写算,2018(28).

[2]方冰.小学音乐教学开展中微课教学创新实践探究[J].戏剧之家,2021(3).

［3］王华伟.游戏教学在小学音乐教学中的实践探析［J］.艺术评鉴,2020(23).

［4］丁瑞影.小学音乐教学的几点思考［J］.科学咨询(教育科研),2021(1).

［5］尹文英.探析小学音乐教学中培养学生音乐核心素养的有效途径［J］.黄河之声,2020(21).

"新基础教育"理念下音乐学科育人价值的开发

深圳市光明区玉律学校　陈　秋

参与"新基础教育"近3年的时间里,"新基础教育"理念的"学生立场、养成教育、开放互动、结构意识"等已经成为指导我日常教学并深扎心中进行不断反思重建的教育信念。在不断实践中,我发现"新基础教育"理念下的音乐课堂有着传统课堂所没有的独特育人价值。

一、融入音乐味道,关注"本体价值"

我通过有效的音乐课堂实践活动,让孩子们学会如何听(感受和欣赏音乐),如何识读乐谱,如何演唱,如何模仿、表现、创作音乐形象,积累音乐文化。

"新基础教育"强调,小学教育是普及基础教育,关注全体学生全面素养的共同发展。我们在音乐教学中常常会把小学基础的音乐课当作专业的合唱团,课堂中只注重学生声音演唱的技术、音准、节奏;或者把音乐课上成游戏课,通过反复聆听音乐、玩游戏,让孩子们学会歌曲,或上成乐理知识课。但是,小学的音乐课堂需要培养的素养不只是学唱、识读乐谱。应清晰音乐素养的范畴,根据音乐素养的几个维度完整设计教学结构,带着整体意识,才不会因为某一素养的过分培养造成其他素养缺失。

二、注重整体和关联,拓展"延伸性价值"

"通过把每一节课当作课例,孩子们在有效的音乐课堂活动中,知识和能力得到积累。"老师通过教方法、用方法,教结构、用结构,为学生在课堂之外的自学继续发力。

传统音乐教学中更多的是割裂式地备一节课,教一首歌,点状化地进行知识点的讲授。"新基础教育"强调长程设计中的整体思维、关联思维、结构思维,形成课型系列化。

例如,每一首歌曲的聆听,不只是放给学生听,也不只是让学生听了会唱,而是应该教会学生如何感受和欣赏音乐,学会从音乐角度去鉴赏,听歌曲的速度、情绪、风格、意境等。每一首歌的学唱,不只是让学生能完整地唱会这首歌曲。如果这样,一到六年级孩子们唱了那么多的歌,虽然歌曲本身是由简变难,但是他们一年级怎么唱,到了六年级还是这样唱,唱的能力没有提高,就忽略了对学生生命本体的培养。因此,每一首歌曲的学唱是让孩子们懂得怎样唱,能在现有演唱水平的基础上唱得更好,学会辨别声音和控制自己的声音。让孩子们渐渐懂得并做到在有精神的状态下、在清晰的吐字中用优美和富有表现力的声音演唱歌曲,让他们在唱的过程中有梯度地成长和变化,并让他们的这种演唱习惯运用在平时的朗读和说话中,能够有精神地把话说清楚。教师要充分开发学科育人价值,让知识成为孩子们生命中的智慧。

三、倡导积极参与,体验"过程性价值"

以学生立场为出发点,通过开放、互动、重心下移等理念指导孩子们参与课堂,贡献自己的想法,在这个过程中获得参与感、贡献感、课堂拥有感等不同的心理感受。

在课堂中,老师常常以学生能掌握知识为目的,没有把课堂开放出来让孩子们参与,久而久之,孩子们在课堂中渐渐失去存在感,越到高年级,回答老师提问的孩子越来越少,老师唱独角戏的现象越来越严重,学生在课堂中没有真正的情感体验。

"新基础教育"与传统课堂的最大不同之处就是基于学生立场,关注学生体验。

2014年9月底,按照"新基础教育"教案模板备课时,感受最大的不同就是之前的教案只有教学过程,没有分出教师和学生活动,因此当时最费脑筋的就是要详细地思考每个环节学生要做什么,他们会有什么反应、当他们能答出来或答不出来时我该怎么办等问题。因为只有教学过程,在备课中往往容易按自己的意愿来设计,我想教什么、我想怎样教、这个讲完讲下一个,没有关注过学生在课堂上该做什么。虽然我们会观察学生的上课状态,但对于学生是否理解、有什么感悟,很少用心关注过。因此,在参与"新基础教育"实践之后,我的第一个变化就是开始站在学生的立场上去思考,他们在每个环节该做什么?为什么这样做?并通过开放—生成—资源—互动,想办法让学生参与进来,让他们获得生命的体验。

最初的尝试是在第二次研讨课中,在新歌学习环节,我通过范唱,请学生说说老师唱得怎么样。在这个开放的问题中,学生给出的答案很多,但有一个学生说:"老师唱得很好听。"我问:"为什么好听?"学生说:"老师的声音很美。"于是我利用这个在课堂中生成的资源,让全班学生一起尝试用美的声音来读读歌词,接着通过生生互动,评价、引导全班同学用美的声音来朗读和演唱。这是第一次将"新基础教育"的理念运用到课堂中并成功的例子。

在课后反思中,我将这种思路同样放在导入、核心推进、扩展的每一个环节中,重新设置问题,让它们具有开放式,能够面向不同层次的学生。在这个过程中我渐渐懂得,只有把课堂开放出来,给予孩子们表达的机会,通过生生、师生互动,让学生充分卷进课堂、真正参与课堂,才能让学生获得情感体验。

四、提供展示平台,激励"发展性(社会性)价值"

通过开放互动的课堂,孩子们在交流、展示、评价等活动中,文明素养、语言组织、语言表达、胆量和自信得到了锻炼,获得了能力的提高和生命的成长。

在教学中,我们常常注重知识传授,忽略学生获得知识的过程是主动思考,参与探究,还是被动地接受知识,对于学生游离课堂之外的现象没有及时去调整。课堂中不注重学生能力的培养,越到高年级,举手发言、展示的学生越少,对没有举手和举手发言有困难的学生关注不够。

"新基础教育"要求我们要关注每一个学生在课堂中的生命成长,特别是有困难和胆小的学生。

经过反思实践,我们对学生不主动举手发言、参与课堂的问题进行问卷调查,得出结论,并分别采取对策。

(1)对于课堂中从不举手发言、不爱动脑筋思考的同学,我会主动邀请他们回答、展示,对主动举手发言的孩子给予印章的奖励。

(2)根据学生基础差异程度设置不同的问题,简单问题抛给基础较差的同学回答。

(3)针对学生没有自信的问题,帮助创造成功的发言和展示的经验,增强自信。如学生不敢唱、声音小、唱不对时,之前我会请他坐下听其他同学演唱,现在我会走到他身边跟他一起唱,关注到他的困难和障碍,鼓励他、帮助他创造成功的发言和展示的经验。通过重心下移,采用小组合作练唱、创编简短歌词、表演动作等活动,人人参与,让每一个孩子都能得到锻炼。

我们的课堂由原来的只有几个学生的频繁发言向大部分孩子都争相举手发言进步着。

我们要给予学生的不只是教会他们书本上的每一首歌、每一点乐理知识,而是能够让这些知识在我们的帮助下系统起来,让点状知识系统化,形成积累;我们要给予学生的不是没有生命的知识,而是要教会学习方法,让他们学以致用;我们要给学生创造的是开放互动的动态课堂,要给学生的除了知识与技能之外,还有在课堂的互动形态中,将学生作为一个独立的人,促使他们健康发展。

学 生 工 作

跑 步 团

——家校共育的活动创新

深圳市光明区光明小学　曾旭红

　　华东师范大学李家成教授曾就班级活动创新提出一个核心观点,他认为班级活动创新的基点之一在于发掘活动的持续性价值更新。作为一名班主任,家校沟通是我工作中的重要一环。如何创新家校共育活动,以活动搭建家校沟通的桥梁,并发掘活动的持续性价值更新,以达到家校携手共育,并在共育活动中提升班级建设的质量呢?我结合自身的带班经验,借助"跑步活动"这一载体来展开论述。

一、班级跑步团,搭建家校共育组织起点

　　2018年秋季运动会上,爱跑爱动的小太阳中队基本上包揽了所有项目的前三名,班级总分位列全校第一名。一些平时看上去毫不起眼的孩子,在运动方面却爆发出惊人的特长,令人刮目相看。作为新接班的班主任,我不禁开始思考,如何让这些孩子在班级日常生活中实现发展?如何让家长参与孩子们的班级日常生活?看着空荡荡的球场以及孩子们渴望奔跑的眼神,我想干脆"以动制动"——去跑步吧。

　　于是,在征得大部分孩子的支持后,我们便开始策划组织班级跑步团活动,以座位为一组,成立四个大跑团,即星辰跑步团、流星跑步团、闪电跑步团、快跑鸭跑步团。学校13:40分开门后,组员们便直接到操场上,可自由选择个人跑、男女生比赛跑、组际比赛跑等多种跑步形式,跑完后便回到教室,静心

5分钟后,准备14:00的午读。而我则准时在操场上等待孩子们的到来,为奔跑中的孩子们拍照、录视频,每天坚持发到班级群里,让家长不仅能了解孩子们在学校的日常活动情况,而且将跑步活动整理成系列美篇,经家长朋友们的点赞来助力班级跑步活动的持续开展。

表3-1　小组评分表

	每一周总结				
	周一	周二	周三	周四	周五
第一组					
第二组					
第三组					
第四组					

跑步团每天算出组员平均里程数,午读后公布于教室黑板报上。每周班会课进行"全员参与奖"和"最佳运动团"评比。

表3-2　今天,你跑步了吗

队员名字	第一周周一	第一周周二	第一周周三	第一周周四	第一周周五

13:40分准时到达操场的队员,请用"√"表示,迟到的队员请用"○"表示。跑完一圈的队员,请用"1"表示;提升跑多一圈的队员,请用"2"表示,依此类推。4周统计一次里程数,按里程数进行运动达人评比。

我们不仅成立了4个午间跑步团,还设置了跑步团组长、纪律委员、记录员等岗位,明晰岗位职责,如跑步团组长的一周活动总结,纪律委员的每天活动情况评价,并且制定相应的栏目制度以及岗位职责,日常评价与集中评价结合,让每一个孩子基本上都能在班级日常生活中有岗在线,有事可做,最大限度地实现了班级组织建设的育人价值。我们还将午间跑步团的成果,如跑步日志、运动有关的名言等形成习作及书法内容,以及打印出来的跑步照片,布置到班级文化墙上,让班级文化墙内容时刻保持更新状态。

爱跑爱动的小太阳中队,在经过几个月的午间跑步后出现了许多变化:由组员的互相提醒到午间主动跑步;从跑步中的纪律散漫到如今自觉回到班级,并静心准备午间学习任务;从只关注自己的跑步奖励到发现同伴们在跑步中的变化,不断地用欣赏的眼光发现同学的进步,并互相影响,一起进步……在持续的跑步活动中,小太阳中队的队员们慢慢懂得了合作,也学会了坚持和遵守纪律。而我持之以恒的视频拍摄,也拉近了家长与我这个班主任的关系。

二、亲子跑步团,创新家校共育活动途径

与家长们熟络以后,我便时常接到家长们的反馈:一到五年级,孩子越来越不听话了,青春前期的亲子关系开始越来越紧张。于是我便在班里进行了一次问卷调查,在调查结果中,孩子们普遍反馈:孩子的世界,父母都不懂,觉得跟家长没什么好说的,既没有什么共同的兴趣爱好,爸爸妈妈也极少关心自己的内心想法,只会天天催着写作业,逼着提高成绩。家长陪伴孩子时间越少的家庭,孩子的叛逆问题往往越明显。我也试图通过家访、单独约谈家长等方法来解决,但是效果持续时间都不长。能否借助运动这一桥梁,把跑步团活动延续到家庭,将班级跑步团升级为亲子运动团,以活动搭建亲子沟通的新时空,在亲子互陪过程中,实现孩子体能提升、亲子关系缓和的双赢局面呢?

(一)问卷调查明态度

我开始设计问卷,调查家长们对于亲子运动的态度。本次问卷,41.7%的家长表示"愿意并且能坚持"每天陪孩子一起运动,41.7%的家长表示"愿意试一试",只有16.6%的家长表示每天陪伴孩子运动"比较困难"。家长们积极参与的态度能有效保障亲子活动的顺利开展。

(二)组织延续促活动

我们发起亲子跑步团的活动,让家长自由选择时间陪伴孩子运动,运动的形式不拘一格,并沿袭了班级四个大跑团的人员,建立亲子跑步团微信群,班级岗位组织延续到线上家庭生活中。家长每天发送亲子运动记录到微信上,跑步团组长总结记录亲子活动情况。作为班主任的我,则利用每周的班会课、晨会课,将各个亲子跑步团的打卡情境用希沃平台投影到电脑上,让同学们互相观看。家人一起运动的温馨画面,与弟弟妹妹一起玩耍的朗朗笑声,和伙伴们一起运动的快乐,在班里传递着。于是我马上让孩子们写下观看亲子运动团打卡情况的感言。回收上来的感受呈现两个极端:有家长陪伴的孩子,笔下洋溢着快乐与幸福;缺乏家长陪伴的孩子,文字里满是失落和羡慕。

(三)班会活动助形成

面对这些期盼与羡慕的眼神,我开始筹备召开亲子跑步团班会课,将家长引入课堂一起上班会课。通过现场分享亲子陪伴的快乐与成长,并且播放孩

子们期待陪伴的心声录音。每一位家长都深受触动,有的家长和孩子甚至在分享感受时流下了眼泪。当孩子和家长们的情感共鸣达到高度一致时,我马上将亲子跑步团成果扩大,现场成立"阳·光亲子陪伴团",并举行亲子陪伴团活动公约现场签订仪式,在现场投票选举了家长跑步团团长、组织部长、后勤部长等岗位,亲子跑步团活动开始由班级主导向家委组织推动转变。

三、亲子陪伴团,完善家校共育制度保障

"阳·光"即光明小学小太阳中队,"阳·光亲子陪伴团"虽然有了家委组织机构,但活动的持续开展依然需要学校的大力推动。因此,学生发展部与班主任和跑步团家委们一起召开讨论会,初步形成了如表3-3所示的跑步团家委组织架构和职责,并且明晰相互的职责。

表3-3

跑步团岗位	所需人数	职责
家长团团长	4人	收集跑步团组员活动情况,定期在群里总结情况
组织部长	4人	以自愿为原则,定期组织跑步团家庭参与现场活动,发动组织大家参加区微跑等户外活动
后勤部长	4人	现场活动中的药品保障等
安全部长	4人	组织清点现场参与活动人数,提醒安全事项
教师跑步团	班主任、科任老师	校内时间组织、参与班级跑步团活动

学校为跑步团周末活动无条件开放运动场所,并且提供一定的物质奖励和奖状;年级则利用每天大课间跑操时间,发动年级老师加入跑步团活动,与孩子们一起运动,锻炼身体;作为班主任的我,依旧利用中午时间带着孩子去操场上恣意挥洒汗水,并且为坚持陪伴运动的家庭颁发鼓励性奖状;而家长们则利用放学后的时间,陪伴孩子一起运动、学习,构建更加科学的晚间家庭生活。

一项跑步活动,从班级跑步团升级到亲子跑步团再到亲子陪伴团,我们试图借助活动将"学校—班级—家庭"打造成循环发展圈,在活动中渗透现代家

庭教育观念,即李家成、王培颖两位老师主编的《家校合作指导手册》中指出的:"家长的家庭教育素养是作为社会公民的重要素养之一,也是对儿童发展负责所必需的素养。"而这类素养不能简单地通过读书和接受培训来提升,更需要在实践中反思、形成和更新。因此,家庭教育活动的开展,就是家长教育素养形成与发展的基础。而家庭中这种亲子互陪、互学、共学的家风,也会通过学生作用于班级建设,带动班级良性发展。

参考文献

[1]李家成,王培颖.家校合作指导手册[M].北京:北京大学出版社,2016.

[2]李家成.班级日常生活重建中的学生发展[M].福州:福建教育出版社,2015.

[3]李家成."新基础教育"的班级建设研究[J].中国教育学刊,2017(3):16-20.

小学生，大财商

——财经素养教育长程系列性主题活动

深圳市光明区马田小学　　徐苗佳

一、活动源于意外发现，活动结果出乎意料——"我的零花钱我做主"系列活动

作为班主任，在和孩子们相处的过程中，我发现孩子们在零花钱的使用上随心所欲：除了买学习用品，常常把钱花在一些不是很合理的地方，包括买垃圾食品和具有危险性的玩具。他们常常放学后聚集到小卖部，在空腹的情况下吃冰冻的食品，或者买烧烤、薯片等垃圾食品；有时也会买一些具有危险性的玩具，如装有塑料弹珠的手枪、弹弓等。

看到这些，我很担心，即时组织了一场班会"我的零花钱我做主"，引导学生要珍惜父母的心血，节约用钱。班会后，学生们开始用登记"零花钱收支账本"的方式来记录自己零花钱的来源和去向。在这个过程中，孩子们体会到父母赚钱的辛苦，提出可以通过节省零花钱的方式来攒钱。但也有人提出，用攒零花钱的方法太慢了，是否可以用其他方法来挣钱，这个提议得到了全班同学的认可。我因势利导组织开展活动，形成了"我的零花钱我做主"系列活动（见图3-1）。

"我的零花钱我做主"系列活动

我是小小记账员　　废品由我来回收　　跳蚤市场我来开　　爱心义卖进社区

图3-1　"我的零花钱我做主"系列活动

"我是小小记账员"：为了更清楚地了解自己零花钱的来源和去向，孩子们制作了"零花钱收支账本"。通过每天及时记录自己零花钱的使用情况，孩子们渐渐不再乱花钱，班里还进行了"理财小能手"评比，孩子们攒钱的积极性高涨。他们也在思考，如何通过其他方式攒到更多的钱。

"废品由我来回收"：孩子们考虑到充分利用学校里的各种废弃资源，在班里组成废品利用回收小组。他们在课间、课后以及运动会期间，收集一些塑料瓶、废报纸、废纸箱等；收集好后，主动与校外的废品站联系，把收集到的东西卖出去。

"跳蚤市场我来开"：孩子们通过旧物循环利用、以钱换物的方式，把家中闲置的文化用品、玩具、图书或者自己制作的手工作品，拿到跳蚤市场与同学交换。在活动中所得的钱，一部分与学校近期开展的体育节相结合，作为体育节经费；另一部分由孩子们自由支配，做一些有意义的事情。"跳蚤市场我来开"活动分两天进行，第一天虽然卖了部分商品，但还是有很多东西没有卖出去，尤其是书籍类。第一天活动结束后，孩子们总结了失败的原因：①人员方面，有人擅自离岗；②价格方面，定价太高；③策略方面，没有使用促销手段；④销售方面，胆子太小，不敢大胆宣传。针对这样的情况，孩子们更新了策略。首先，人员分配方面，大家都坚守在自己的岗位上，现场的秩序好了很多；其次，在物品的价格和销售策略方面，他们主动降低价格，还想出了满5元送一支笔和买一送一的促销策略。此外，在销售方面，他们由第一天的不敢叫卖，到第二天借来班里的扩音器大声叫卖，各种促销口号把老师都吸引了过来。功夫不负有心人。第二天，孩子们把所有商品都卖出去了，一共卖了685元，孩子们个个都乐开了花。

"爱心义卖进社区"：在开展跳蚤市场的基础上，孩子们把学到的经验运用到实际中，到批发市场进货并在社区开展了爱心义卖活动，整个义卖活动从人员安排、策划、进货等都由学生自主参加。当时恰好是圣诞节前夕，孩子们购进了一些圣诞帽、圣诞面具，义卖中我们听到了类似这样的话："阿姨，您的小孩多大了，今天怎么没有跟您一起出来玩呀？""圣诞节快到了，给您的小孩买份圣诞礼物吧，他一定会很开心的！看，我们的面具多好看！""叔叔您长得真帅，买点东西吧，就当奉献您的爱心！"有的孩子还拿着海报到广场上招揽顾客，买东西的人渐渐多了起来，摊点上的商品也越来越少。活动有条不紊地进行着，孩子们的脸上洋溢着快乐和满足。

对于在跳蚤市场和爱心义卖中赚到的这笔钱的用途,他们的想法也有了巨大的改变。当手上的钱越来越多,想到可以用这笔钱买来很多食物和玩具,孩子们也越来越兴奋。"我看到有些山区的孩子连鞋子都没得穿!"一个孩子的声音让其他人都陷入了思考。我又及时召开了一次班队会,让孩子们讨论手中这笔钱的使用方法。最后,孩子们一致同意,将这笔钱捐出去,用它来做一些有意义的事情。

从一开始只想着把挣到的钱用来开party(聚会)吃喝玩乐,慢慢转变为一致同意把这笔钱捐给村里的爱心基金会,希望这些钱能用在更多有意义的地方,帮助那些有需要的人。学生们想法的转变出乎我的意料。他们联系社区的爱心基金会,最后在全班同学和爱心基金会负责人的见证下,举行了班级爱心捐款仪式。社区基金会还通过孩子们捐款的行为,呼吁社会各界人士也行动起来奉献爱心。1200元尽管不算多,却是孩子们用劳动和汗水换来的,承载着孩子们沉甸甸的爱心。

二、活动推进有计划,奉献爱心收获大——"班级银行"系列活动

升上五年级,学生产生了比较明显的兴趣和爱好,他们对事物形成了自己的看法,会关注身边的问题,渴望建立比较丰富的人际关系,他们想要了解的东西更多了。

在"我的零花钱我做主"系列活动的基础上,有孩子提出"今年能不能有新的发展"的想法。于是,在学生的提议下,班级成立了"班级银行",银行中设立"赚钱俱乐部""花钱俱乐部"和"理财俱乐部"。三个俱乐部各司其职,各有自己的任务,他们负责策划并推动全班来开展活动。于是这一学年,在三个俱乐部的带动下,班级继续开展各项财经素养主题活动(见图3-2)。

图3-2 "班级银行"系列活动

"**理财俱乐部**"：负责策划与理财相关的活动。他们组织开展了"银行专家进班级"系列活动。孩子们邀请银行专家进班上课，了解了银行存款汇率、ATM机的操作，还体验了真假钞的辨别，对银行的基本情况有了初步的认识。

"**赚钱俱乐部**"：负责策划如何通过更多的方式赚钱。在他们的号召下，全班学生利用课余时间分头行动，有人负责收集废瓶子，有人负责回收旧报纸，还有人负责手工义卖，每个人都在自己擅长的领域贡献着自己的力量。尽管金钱积累速度并不快，但是他们坚持在劳动中一点一滴地积累财富，并乐此不疲。在手工义卖中，孩子们通过编制手链、手工花等手工作品也赚到了一笔费用。在这些活动中，孩子们通过自己的劳动赚钱，更加明白赚钱的不容易，也明白了"一分耕耘，一分收获"的道理。

"**花钱俱乐部**"：负责将赚到的钱用在有意义的地方。赚到的钱并不是用来自己花的，而是要思考怎样才能花得更有意义。恰逢体育节，孩子们组织开展了能量补给站，将赚来的钱用在为运动健儿们送上葡萄糖水，为运动健儿们打气加油。冬至节，孩子们开展了"温暖冬至"活动。在家长的指导下，孩子们亲手制作汤圆，为学校里的保洁阿姨们送上了一碗碗暖暖的汤圆，用自己的行动给他人带去了温暖。

这一年的系列活动，学生们更加感受到赚钱的辛苦，但是能用自己辛苦劳动赚来的钱为身边的人做一些力所能及的事情，他们很开心。尤其是在"温暖冬至"活动中，孩子们用收集废瓶子、回收旧报纸和手工义卖赚到的钱给保洁阿姨们送汤圆，在看到阿姨们感动落泪的那一刻，孩子们也在心里默默下定决心，以后一定要讲卫生、不乱丢垃圾，不给阿姨们增加额外的负担，这才是真正关心保洁阿姨们。

三、活动升级再优化，文化发展空间大——"财商学院"系列活动

进入六年级，学生的逻辑思维能力有了明显的提高，有了自己的思考，他们的自主性发展到了最强阶段，开始有规划自己的意识和想法。我们的活动再次升级并得到优化。

新的一年开始，大家针对未来一年如何开展活动又展开了讨论。在大家的讨论中，我们对"班级银行"进行了升级，成立"财商学院"。升级后的"财商

学院"分设"活动部""宣传部""会计部""外联部"和"学习部"五个常规部门,还成立了由核心成员组成的"财商学院理事会"。在理事会成员的带领下,各部门配合开展各项活动。

作为即将毕业的学生,孩子们一直在思考:毕业后能为母校留下什么?经过多次讨论,孩子们决定在"财商学院"成立"财商学院基金会",毕业后把基金会留给母校,同时也让"财商学院"的爱心精神能继续传递下去(见图3-3)。

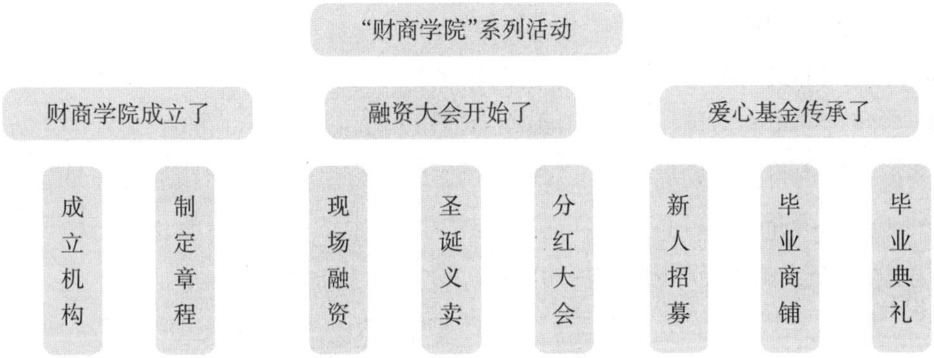

图3-3 "财商学院"系列活动

"财商学院成立了":"财商学院"分设"活动部""宣传部""会计部""外联部"和"学习部"五个常规部门,学生根据自己的能力和兴趣选择部门,并通过自荐和推荐的方式选出了部长;由各部门部长组成财商学院理事会,负责统筹和组织财商学院的各项活动。为了毕业后能更好地传承"财商学院"的精神,还设立了"财商学院基金会",由学生亲自设计了基金会的会标并制定了基金会章程。在这一过程中,学生们对"财商学院"有了更深的认识。

"融资大会开始了":毕业前的体育节,能为运动健儿们做些什么呢?思考讨论了很久,最后孩子们决定由"财商学院"为学校里的运动健儿们设置"体育节专项奖",并为获奖的同学和班级颁发奖品。由于缺乏经费,在多次的尝试和实践中,我们最后决定用融资的方式来筹集这笔经费。在进行了充分的准备后,孩子们邀请了部分商家来参加"融资大会",成功说服商家们进行投资,筹集到了1000元。孩子们用一部分资金购买了体育节专项奖的奖品,另一部分资金作为本金到市场进货,开展了圣诞义卖。义卖中学生们表现出色,不仅收回了成本,还赚了不少利润。学生们遵守和投资者们的约定,在圣诞义卖获利后,邀请投资的商家们召开了"分红大会"。学生们把赚取的这些资金放进了"财商学院基金会",作为"财商学院基金会"的第一笔资金。

"爱心基金传承了":临近毕业,为了更好地传承"财商学院"的爱心精神,孩子们又进行了新成员的招募。经过两轮面试,最终确定了16名四、五年级的学生作为"财商学院"的新一届成员。在对新成员进行培训后,新成员还参加了"财商学院"组织的"毕业商铺"回赠母校的义卖活动。离开母校之际,在毕业典礼上,"财商学院"的孩子们将三年来的财经素养系列活动搬上了舞台,用艺术化的形式向所有观众呈现了这几年来的心路历程。

经过三年的锻炼,学生的组织能力、策划能力、问题解决能力、实践能力等多方面能力得到了发展;他们进一步理解了金钱的意义,明白钱只是衡量劳动的工具和中介,可以用它来做一些有益的事情;他们懂得了慈善也是一种理财方式,每个人都可以尽自己的一份力量,献上自己的一份爱心。

曾同学家长说:"这几年来,我只要有时间都会参加班级里的活动。看着同学们一步步成长,他们的组织策划能力有了明显的提高,语言表达和应变能力也都有所进步。三年里,孩子们用'爱'的力量锻炼了自己的能力,也创造了很多奇迹。真的很为同学们感到骄傲!"张静慧副校长说:"一路看着这个班的孩子长大,而这些孩子在加入'新基础教育'实验三年里的进步更是飞快。三年里,他们践行着'照亮自己、照亮他人'的班级口号,用自己的行动把爱心传播。"

三年的时间,见证了一个个"不可能"变成"可能",见证了孩子们的成长。小小学生,也可以有大大财商!

参考文献

[1]李家成."新基础教育"学生发展与指导纲要[M].福州:福建教育出版社,2009.

[2]张向众,叶澜."新基础教育"研究手册[M].福州:福建教育出版社,2015.

[3]李家成,王晓丽,李晓文."新基础教育"学生发展与教育指导纲要[M].福州:福建教育出版社,2016.

立足成长需要，重建学校四季生活

——以玉律学校为例探索四季活动育人价值

深圳市光明区玉律学校　张静慧

四季与人的生命成长是紧紧联系在一起的，在学校的学生活动中，以四季轮回为主线，立足学生的成长需要，让学生和万物一起，在季节的变化中去发现、去交互生长，是符合自然规律的。本文试图以深圳市光明区玉律学校"新基础教育"理念指导下的四季系列活动的重建，尝试探索挖掘四季活动的育人价值。

玉律学校是一所处于深圳繁华都市边缘的城中村小学，学校务工子女占全校学生的92.7%，这些学生多数来自外省、外市。此外，社会信息的开放与多元，使他们不断接收到来自外界各种丰富资讯的冲击，他们非常渴望能够参与到丰富多彩的活动中去。因此，近年来学校一直在探索，如何能够创建充满成长气息、多元成长平台的学校生活，来弥补、促进学生的小学阶段成长。在"新基础教育"理念的指导下，在"四季系列活动"研究的推动下，玉律学校进行了四季活动的重建。

一、反思：基于学生立场

学校主题活动是学生在校园生活中非常重要的组成部分，对学生、教师和学校的共生发展有着重要的意义。传统的学校主题活动，一类是社会性节日，如庆元旦、迎中秋、庆六一、过国庆节等；另一类是学校自定节日，如艺术节、运动会、科技节等；还有一类是根据上级部门的要求开展的教育活动，如安全教育周、禁毒宣传日等。然而,在一次艺术节后,面向五年级一个班52名学生的问卷调查显示,12人认为很喜欢(因为能上台表演,或者能不用上课在台下看表演),6人认为很累(因为要排练节目),27人认为很无聊(坐在台下很晒,不能走动、不能讲话),还有少部分人认为无所谓。在对班主任的访谈中,班主任也提到,要"应付"这些主题活动很累。显然,这些传统的学校主题活动已经很难真正受学生喜爱和老师欢迎了。反思这些传统的学校主题活动,主要呈现以下几点不足。

一是活动育人目标单一、窄化。从指导思想以及活动的目标上看,每个主题对于某个方面德育的指向性太强,如或是品德,或是习惯等单项的目标,育人价值显得点状、单薄。任何一个活动育人的价值都不是单一的,任何一个活动也不能对德育的哪一方面有立竿见影的效果,我们总强调不能用说教的方式"管理"学生,但我们也不能用"假活动"的方式对学生进行活动说教。

二是活动开展脱离成长需要。很多时候活动都是上级空降给学校,学校空降给班级,班主任又空降给学生,活动的主题是否符合学生真正的成长需要?是否有学生立场?另外,很多时候开展主题活动的目的在于获得外部评价,具有功利性。当学生立场变成了外部评价立场,学生的整体发展被个别替代,内在发展需要被忽视,重心过高的主题活动就变成了假活动、假生活、假成长。

三是活动主题设置点状割裂。传统的学校主题活动多是呈点状开展的,活动之间没有关联,育人过程没有前移后续。

《"新基础教育"研究手册》中提到,学生工作要从窄化的德育教育、片面的管理中走出来,创造体验成长的良好氛围,形成丰富的学生活动系列,构建全方位、多层面的学生发展评价体系,聚焦于学生健康人格、自我意识、成长需求以及未来公民素养等,在丰富、改变学生生活的班级建设中使学生成为主动、健康发展的个体,从学生社会性格和个性方面,积极有效地实现"三维双向"的新人培养,形成新的工作格局。那么,什么样的主题活动更受学生喜爱呢? 在对部分老师和学生的访谈过程中发现,学生对"喜欢的活动"关注点是"好玩的",也就是说,他们对好玩的、新鲜的、独特的事物和活动更感兴趣。而教师对"喜欢的活动"关注点是"成长的",他们认为,开展活动付出的时间和精力

"不能白费，不能瞎忙"，要使学生有所成长，也要使自己专业能力有所成长。因此我认为，学校主题活动只有真正属于师生自己，大家共同来参与策划、组织、开展、评价，大家共享这些权利，且在这个过程中收获成长，才是大家所喜欢的真活动，过程所带来的成长才能体现真成长。

二、重建：着眼育人价值

玉律学校从2014年就开始进行"生命实践""新基础教育"实验。在实验过程中，学校不断学习、梳理、反思如何真正提升务工子女的综合素养。在多年的实践中，玉律学校在"新基础教育"理念的指导下，着眼于学生活动的育人价值，反复重建与思考。

第一，活动是否符合学生成长需要？学校需要考虑到，学生是否愿意主动参与，能否通过努力使自己得到成长？同时，每个年段的学生都有不同的成长点，那么，同样的活动形式很明显不能适用一到六年级的学生。

第二，活动是否体现教育综合融通？这是对学校、对活动的顶层设计提出的高要求。班主任抱怨活动多，还要管理班级常规，科任老师则头疼活动多，影响了学科学习。那么，活动与校园常规生活之间的综合融通、活动与学科之间的综合融通就显得尤为重要。

第三，活动是否突出师生共生发展？随着社会的发展，学生自我学习的途径越来越多，能力提升越来越快，那么老师就更应该加快步伐，让自己在每一次活动设计指导中，和学生一起成长，不断提升自己的专业素养。更重要的是，教师应该多反思，每一次活动有什么不同的提升？每一个人的成长是怎么变化的？

第四，活动是否设计长程育人系列？我们都知道，"系列性的活动设计，并不是相同内容的简单重复，而是层层深入，加深学生的体会和感悟；是不断深化认识，不断更新行为，不断追求更高水平内化的过程"。那么，活动与活动之间的联系是什么？这个活动和上个活动相比较，育人提升点又是什么？学生一整学年的活动与发展有没有长程设计？学生在学校六年的时间里，每一年都有什么不同阶梯的成长？

三、实践：扎根日常生活

学校活动的主题不应该成为束缚、"框死"师生在班级、年级等多层面重心下移的创生，而应该是让师生在生活中迸发的一个灵感，一个源泉，一颗能够激发创造、刺激成长的种子。

为了使学校活动更重心下移，最大限度地扩大活动的育人资源，辐射到每一位学生的成长，学校把思考聚焦在三个回归：从关注外部评价回归到关注学生立场，从学校层面的顶层设计回归到班级生活，从复杂的育人价值回归到校园文化的渗透。学校将往年的活动进行梳理，保留学生喜欢的项目，重点从班级实验中生成适合校级推广的活动。

叶澜老师在《怎么办好学校的各种节》中说道："尽管我们不去过每个节气的'节'，但它们的'节'语，充满着中华民族的诗情和智慧，是祖先留给我们的最重要的馈赠。"因此，多年来，玉律学校尝试融入本校的"美玉文化"，在一个又一个的活动、一次又一次的反思、一轮又一轮的成长中，梳理出如下四季系列活动：一是如翡翠般的"美丽春天节"系列活动，它充满希望、焕发成长，学生在活动中不断挖掘春天的含义，挖掘春天的智慧，体验春天的成长；二是如水晶般的"缤纷夏天节"系列活动，夏天总是多彩的、有趣的，是经过春天的滋润后，更加蓬勃生长的季节；三是如玛瑙般的"向上秋天节"系列活动，秋天代表着收获，代表着丰实，秋天也是新学年的开学季，是积极向上、庆祝成长的季节；四是如和田玉般的"温暖冬天节"系列活动，这里的温暖不是形容词，而是一个动词，和田玉是温润的，用行动、用爱心、用自己的发光发热去温暖寒冷的冬天。

首先，一个活动是一段生活过程。学生活动不是昨天做方案，今天开展，明天就杳无声息的一件事情。它应该是一个过程，并且是和师生的生活十分融合的一个过程，也就是我们常说的不是为了活动而活动。

玉律学校"蒲公英的梦想"毕业典礼，是每年"缤纷夏天节"的一个重要活动。它与艺术节不同的意义在于，它不仅是舞台上的一次艺术表演，而且是一个成长的仪式，是毕业班整个毕业季甚至六年学习生活的总结。因此，紧紧抓住这一点，毕业班的师生们从一开始就策划寻找"毕业的意义"，2015年的毕业典礼,四个毕业班分别呈现出了不一样的精彩。例如,六(1)班在过去三年里,一直开展"财商学院"活动,他们把班级活动从班级开展到年级到校级,甚至开展到了校外,还与社区基金会合作爱心活动,与企业合作进行融资。最后,他们打算把班级"财商学院"变成校级的学生草根组织,在最后的毕业季里,他们一直在做"传承",并在舞台上通过艺术表现形式把这几年的生活表现出来;而另外的班级,有开展与幼儿园手拉手幼小衔接活动的,有开展与山区孩子手拉手的,他们最终把一段毕业季生活过精彩了,在毕业典礼上艺术化了,他们是舞台真正的主人,是典礼真正的策划者。

其次,活动提供了学生与外界平等对话的平台。 在这里,我想先跟大家分享这样一个故事。

2015年春天,三(3)班大V班发生了一件大事情,他们发现新种在操场围墙边的炮仗花全死了,原因是炮仗花爬藤生长的竹子被调皮的同学抽去当玩具玩了。

在学校的常规管理中,这是多么严重的德育问题啊! 按照一贯的做法,学校德育部门肯定得找出这些调皮的孩子,或者纪律扣分,或者批评处分,或者苦口婆心教育一番,总得让孩子们知错且改。可是,在学生的成长生活中,每一件"错事"都是一个难得的育人资源,学校和班主任商量后决定把事情交回给孩子们处理。于是,在班主任的指导下,孩子们分成小队分别去调查炮仗花养不活的原因。调查发现原来低年级的孩子不知道竹子是炮仗花的生命线,孩子们不是不爱花,而是不懂得如何爱花。后来,该班学生请来学校的花工叔叔分享花的知识,制作校花好朋友卡片,分享护花知识,开展小队活动和主题班队会课……

一次意外事件变成一个从班级延伸到学校的活动大课堂,一次有可能以批评扣分结束的"违纪事件"变成有许多发展可能性的主题活动。活动从班级扩大到年级再到校级,《我与校花做朋友》受到了大同学、小同学的欢迎,各个班级纷纷以此为经验开展"做朋友"系列活动,发生了"我与花儿做朋友""我与小动物做朋友""我与同桌甜蜜蜜"等春天里美丽的故事。于是,"我与春天做朋友"系列活动从学生中、从班级生活中萌芽、生长。

在班级和年级的自主策划下,学校开展不同年段的"与春天做朋友"系列主题活动,分别寻找班级里的春天、学校里的春天(与校花做朋友、桃李林植树等)、学科里的春天(讲春天的故事、演春天的童话、画春天、捏春天、唱春天等)、家里的春天、郊外的春天,还从大自然的美丽春天延伸到作为自然中一员的人身上,开展三八节"最美丽的妈妈"、学雷锋"做美丽少年"等活动。

一个又一个的学校活动,满足了学生与自我、与外界平等对话的需要。第一是与自然的对话,学生回归到自然中去,探索自然,发现春天中的自然;第二是与自我的对话,主要体现在不断地自我追问,不断地自我挑战,不断地自我提升;第三是与同伴的对话,包括与同伴沟通、合作、解决问题;第四是与老师和学校的平等对话,学校开展活动,他们是主体,是策划者,也是参与者和评价者;第五是与家长和社区的对话,活动带动家庭的亲子主动沟通,带动学生走出学校,走进社区。而这些平等对话,在以往学校的传统主题活动中是不可能这么主动地呈现的。

最后,活动的育人价值在于提升学生的综合素养。这基于关注每一个学生不同的成长,关注天地人事的变化发展。玉律学校的四季系列活动,让学生在探索四季的更替与人的发展之间的关系,让教师在指导学生主动挑战的过程中,共同去不断提升综合素养,提升综合能力,提升作为一名社会人迎接社会发展无限可能性的能力。通过几年的实验,玉律学校对学生综合素养的提升进行了一次调研。通过对学生和家长以及老师的问卷调查、访谈,我们把提升点概括为以下几个方面:一是思维品质的提升,主要体现在能够主动发现问题,如校园生活中发现的问题、课堂上主动提问,还体现在能主动思考问题、寻求解决问题的多种方法;二是合作沟通能力的提升,学校在四季活动中根据不同年段和学生成长需要,为学生设计了群体合作的方式,如一年级的同桌甜蜜蜜、二年级的小队活动、三年级的班委建设等,学生从简单的两人合作开始,慢慢学会在群体中表达、沟通与合作;三是创造能力的提升,由于重心下移,学生在班级里能够主动策划,并且组织开展活动,活动过后懂得反思成长;四是道德品质的提升,玉律学校的校训是"玉汝于成,律己达人"。律己达人是玉小人对自我道德品质的要求,对自我要律己,对外交往要"达人",要有"爱",活动的开展与学校文化的渗透,都使学生的道德品质不断提升。

四、提升:四季滋养成长

一个四季一年轮回,四季与人的生命成长紧紧地联系在一起,以四季轮回为主线,让学生和万物一起,在季节的变化中去发现、去交互生长,是符合自然规律的。玉律学校四季系列活动,正是在"新基础教育"理念的指导下,尝试挖掘四季育人价值,开发四季系列活动。

首先,从横向来说,四季的流转为系列活动串起一条丰富的、多元的成长线,玉律学校在几年的不断重建中,梳理出"美丽春天""缤纷夏天""向上秋天""温暖冬天"四个系列活动。学生在二十四节气的宝贵民族文化资源中,探索自然与生活的生命联系;在国家节日与传统节日中,体验历史与今天的对话联系;在学校特色节日中,感受个体与群体的交往联系。

其次,从纵向来说,一年又一年的四季轮回不应是平面重复的,而应体现学生在小学六年的生活中螺旋上升的成长感。因此,学校非常有必要探索学生六年四季的成长节点。例如,玉律学校在三年的实践过程中,逐步形成学生成长的六大节点:一年级"谷雨时节我入队"、二年级"美玉小队展风采"、三年级"我的班歌我做主"、四年级"十岁成长生日会"、五年级"小领巾换大领巾"、六年级"缤纷夏天毕业季"。每个活动都是一年学习生活的发展主题,例如,一年级结合少先队入队仪式,开展学会与同桌交往、学习规则等活动;二年级开始建立小队,因此,以小队展风采的形式展示或评价二年级的生活;三年级开始建立班委,班级文化的建设就成了班级生活的重要主题内容之一,通过班委的选举、班歌的选定或创编,以及一系列班级建设的活动,达到阶段育人的目标……学生在小学度过六个四季,每个四季都有不一样的成长目标。

最后,从融通来说,学生工作如何与教学工作相结合,把活动育人与学科育人的目标综合融通,探索共同的发展点,是尤其重要的探索方向。对此,李家成教授提出具体活动开展的路径:"其一是班主任可以组织有关学科学习的主题活动,直接聚焦、提升学生的学习能力。其二是在相关主题活动、主题班队会及班级文化建设之中,融入学科学习的因素,促成活动质量的整体提升。"玉律学校正在努力探索中,如在学科学习中,低年段主要通过直观的绘画、吟唱、表演去表达对春天美丽的赞美之情,中年段主要通过合作探究去挖掘春天与生活的关系,高年段则通过调查研究等方式去探索春天与自然科学的关系。

学校的四季系列活动设计,始终是从"人"的需求出发来设计与构建,尊重师生基础、关注师生兴趣、着眼师生成长需要,让老师和学生成为活动的主人,成为活动的设计者与收获者,才能实现每一个孩子主动发展的快乐,实现每一位教师自我超越的幸福。

参考文献

[1] 张向众,叶澜."新基础教育"研究手册[M].福州:福建教育出版社,2015.

[2]李家成,王晓丽,李晓文."新基础教育"学生发展与教育指导纲要[M].福州:福建教育出版社,2016.

[3] 叶澜.人间"节"语[J].人民教育,2015(1).

[4] 李家成.班级日常生活重建中的学生发展[M].福州:福建教育出版社,2015.

让评价引领小组发展，实现育人价值

——基于"星级评价"在高年段小组建设中的实践

深圳市光明区马田小学　陈甲坤

我们班一直在尝试小组合作管理，主要做法是把全班分为8个同质化的小组，全班一起从纪律、学习、卫生、文娱、体育等方面制定量化的评分标准，由班干部负责记录打分，以月为单位进行评比。虽然我们也进行了诸如组名、小组口号、小组公约等内容的小组文化建设，但其目的主要是更好地实现小组管理。在长期的坚持下，我们班的班级常规管理做得比较扎实，经常受到学校的表扬。

接触了"新基础教育"理念后，我意识到，仅仅将小组建设作为班级管理的手段是对小组建设育人价值的窄化。

另外，我们班曾在班级活动中引入星级评价，通过活动前针对不同任务给每位学生制定星级评价标准，让星级评价引领活动的发展，起到了很好的育人效果。

基于班级的实际情况，我尝试让每个小组在月初时制定星级评价标准，让星级评价引领小组发展，进而建构小组发展的新路径。

一、实施过程

（一）星级评价标准的制定为小组发展提供可能

切实理想的班集体目标，可引导学生奋进、向上，具有强烈的健康向上的导向作用。

鉴于我班小组存在的时间比较长,都有一定的常规管理经验,每个小组发展并不均衡,不适合制定统一的星级评价标准。所以经过全班协商后,大家一致同意由每个小组寻找适合自己小组的发展目标并制定出星级评价标准。

星级评价标准的制定经历了以下过程。首先是小组做现状分析,主要是从常规管理(卫生、纪律、学习)和小组文化(特色、制度、活动)分个人及小组普遍存在的问题与优势进行梳理。然后对存在的问题和已有的优势制订初步的"扬长避短"方案,并根据事件的轻重缓急确定作为自己星级评价标准的内容,制定星级评价标准。最后是评审的过程,评审团由班干部担任,副班长关注纪律,课代表关注学习,卫生委员关注卫生,文艺委员和班长关注小组特色;对小组制定的星级评价标准给出针对性的建议,并进行评审。只有评审团全体成员都通过,星级评价标准才有效。如果小组与评审团产生分歧,可以提请全班表决(少数服从多数原则)。

为了鼓励小组多开展特色化活动,创建特色化小组文化,我们特别允许开展特色化活动的小组每月25元的活动经费,并可以申请个性化荣誉称号。同时为了保证班级常规管理的落实,班干部会根据本月小组的表现对小组下个月的发展提出常规管理方面的要求,如果常规管理项目占到星级评价标准的两星级以上,是没有以上特权的。

(二)修改星级评价标准的过程为小组发展提供保障

制定出切实可行的星级评价标准,就为每一个小组的发展提供了指引。但是并不意味着实施的过程一定一帆风顺,因为学生策划能力有限,也因为不可预测因素的存在。

虽然小组追求星级荣誉,就算是失败了也是有教育意义的,但是这种并非学生因素的失败会挫伤学生的积极性,而且对学生成长的意义是不大的,所以我更希望学生能获得成功,为此我们制定了星级评价标准的修改程序。

星级评价标准的修改是在小组完成任务遇到困难、经过小组讨论后仍然无法解决的情况下进行的。首先由小组向评审团负责人(班长)提出申请,然后由班长根据评审内容,安排相应班干部核实,并想办法帮助小组解决。只有在实在无法解决的情况下,经过小组和评审团协商后才可以修改星级评价标准,并将情况及时在班级中发布。

事实证明,这样的一种修改星级评价标准的程序也为学生提供了解决问题的方式,为培养学生在实践中遇到突发情况,适时调整行动计划的能力,起到了很好的作用。

(三)星级评价标准的应用为小组发展留下印记

月末时,对照星级评价标准,为每个小组确定属于自己的星级荣誉,就是星级评价标准的应用。为了使结果更令人信服,我们制定了以下星级荣誉申请过程。

首先由各个小组根据自己月初制定的星级评价标准依次介绍完成情况,并申请相应的星级荣誉。然后由评审团对小组的申请逐项考核、质疑。最后经过评审团和小组协商后给出相应的星级荣誉。如果评审团和小组之间不能达成一致,则由小组申请在班级进行表决(少数服从多数原则)。

当然在这个过程中,评审团也会针对小组星级评价内容以及每个班干部记录的小组表现对小组下一步的发展提供一些建议。

星级荣誉确定后,我们会在班级举行隆重的颁奖仪式,这可以极大地增强小组的荣誉感,并且我们会给每个小组拍照留念,并将每个月的星级评价过程制作成小组成长册,为每个小组留下成长的足迹。

二、产生的效果

(一)小组建设跳出服务于班级常规管理的圈子,走上特色发展的道路

在实践过程中,教室里多了金鱼、仓鼠、乌龟等小动物,还有6盆绿植,这些动植物都由各个小组负责照料。有的小组会开展一些周末聚会,比如一起逛公园,一起聚餐、爬山、看书等;也有的小组内部会开展"一帮一"的活动,学习成绩好的同学主动帮助后进生。让小组建设跳出纪律、卫生这些班级常规管理的圈子,走上特色发展的道路。

(二)小组"创生性行为方式"的提升

在星级评价标准制定过程中小组策划能力的提升,在星级评价标准修改过程中小组实践能力的增强,在星级评价标准应用过程中小组反思、重建行为质量的提升,都为小组的不断发展提供了动力。在实践中,我们看到有的小组活动范围从学校周边到区里的公园,再到市内的图书馆。有的小组在班级开

展养殖活动,从一开始的6盆绿植到23盆绿植,再到创建"绿植夸夸群",无不体现着小组的不断发展,而发展的动力正是活动本身促使小组发展的"创生性行为方式"。

参考文献

[1]施浩.目标导向在班集体管理中的运用策略研究[J].德育与成才研究,2016(12).

[2]周生.班集体目标的导向作用及制定原则[J].连云港教育学院学报,1994(2).

探究科研型班主任专业化发展的策略

深圳市光明区光明小学　张　红　曾旭红

光明小学作为深圳市光明区老牌学校,建校历史悠久。学校现有教学班48个,班主任多为中青年教师,班主任专业能力发展不一。因此,学生工作部门着眼于光明区中青年优秀班主任的队伍建设,构建"3＋5"成长模式,即针对不同发展阶段的班主任设置三级发展目标,依据"五步成长法",以提升班主任的专业能力,推动本校班主任由实干型班主任向科研型班主任转型。

一、明确目标,加强学习,助力成长

学校成立了骨干班主任工作室,由杨轶璇、曾旭红、陈苏园任学校班主任工作室主持人。学校为工作室配有宽敞、明亮的独立办公室,并在课程安排上设置了工作室成员研讨的时间。每个工作室带动两个年级的班主任发展,结合学校各研究主题,有目标、有层次地开展班主任研讨活动,以先进带动集体发展。

此外,对于全校班主任,学校针对不同阶段的班主任,以三级发展目标"校级学员班主任""校级骨干班主任""区级名班主任工作室主持人"为班主任专业发展方向,细化每个阶段的班主任专业化能力要求,让不同成长阶段的班主任有目标可循。

学生工作

表3-4

三级目标	班级建设目标	研究能力
校级学员班主任	夯实班级常规养成,基本能独立处理班级建设过程中的各项事宜,完成学校各项工作	1.每学期阅读一本专业书籍 2.每学期撰写一篇教育故事、教育论文
校级骨干班主任	能独立开展班级活动,形成班级特色;班风、学风良好,常规养成扎实有效	1.每学期阅读3本以上专业书籍 2.每学期撰写2篇以上教育故事及活动论文,并在区级以上刊物发表1篇文章
区级名班主任工作室主持人	在区里具备一定的示范引领作用,班风、学风良好,班级特色成果显著	1.每学期阅读4本以上专业书籍,定期撰写读后感 2.每学期撰写3篇以上教育叙事及活动论文,并在区级以上刊物发表论文1篇以上

二、立足班级,聚焦问题,助力成长

在推进班级建设的过程中,班主任们遇到各种问题,往往根据经验进行处理,没有及时将处理的过程进行归纳总结并加以理论提升。为了推进科研型班主任队伍建设,学校结合班级建设的相关内容,定期组织相关主题的研讨,专人主讲,分组讨论,以疑促研,并将每周研讨内容结集成册,以推动学校班主任研究能力的提升。

表3-5

时间	内容	负责人	注
第一周	班级常规培训	谢剑文	
第二周	班级常规培训	谢剑文	
第三周	班级岗位建设	张红、欧恋佳	
第四周	班级岗位建设	张红、欧恋佳	
第五周	各年级指导纲要学习	张红、各年级长	
第七周	班级文化建设	曾旭红工作室	

时间	内容	负责人	注
第八周	班级文化建设	曾旭红工作室	
第九周	班主任经验交流	张红、谢剑文	
第十周	班级活动建设	杨轶璇工作室	
第十一周	班级活动建设	杨轶璇工作室	
第十二周	少先队工作培训	方凰	
第十三周	少先队工作培训	方凰	
第十四周	学生发展共同体建设	陈苏园工作室	
第十五周	学生发展共同体建设	陈苏园工作室	
第十六周	特殊学生的教育引导	张红、张彩霞	
第十七周	特殊学生的教育引导	张红、张彩霞	
第十八周	期末工作总结	谢剑文、张红	

三、专家引领，积极学习，助力研究

班主任专业化成长，离不开专家的引领。结合深圳市光明区开展的"新基础教育"试验活动，学校将专家视导节点活动与学校常规班队会活动结合，设置两层班队研讨活动：学校骨干班主任工作室承担每学期三轮的"新基础教育"班队视导节点活动，由华东师范大学李家成教授给予专业指导，专家引导班主任们在班队会实践过程中提升实践、总结、研究能力，形成各项研究成果，并结集成册；其他40岁以下班主任则承担学校班队会普查工作。通过班队会普查活动加大班主任对班级组织建设的力度，以"班级建设"为抓手，从岗位设置、岗位评选、岗位评价等几个方面，让40岁以下班主任每学期承担一次普查示范班队会活动，在落实"新基础教育"理念的同时，加大对班级岗位和干部的培养力度，推动班风班纪的转变，促进班级健康发展。

设计班队会是班主任的专业化能力之一。结合学校品牌特色活动，学校组织骨干班主任工作室成员分别研究不同的主题，形成学校德育特色项目。

211

附表一:学校骨干班主任工作室成员所执教班队会课一览表

时间	内容	上课老师	负责人	备注
第一次 10月	"家校社共育互育"主题系列活动	杨轶璇、王鑫、刘佳敏、陈婷婷、陈敏、陈富荣、李少丽、黄佩兰、范雪虾、张永海	杨轶璇骨干班主任工作室	
第二次 11月	"家校社共育互育"主题系列活动	曾旭红、杨桢榕、苏淑兰、徐绮婷、陈璐、田宇燕、喻梅、何红梅、张悦平、童莉	曾旭红骨干班主任工作室	
第三次 12月	"家校社共育互育"主题系列活动	陈苏园、欧恋佳、徐佳佳、李淑妮、黄宇萱、邹穗慧、李亭亭、黄丽媚、黄蕾、张帆	陈苏园骨干班主任工作室	

附表二:40岁以下班主任班队会普查活动安排

时间	年级	人员	内容	负责人
第八周	六年级	40岁以下班主任	班级建设	张永海(杨轶璇团队技术支持)
第十周	五年级	40岁以下班主任	班级建设	张悦平(曾旭红团队技术支持)
第十一周	四年级	40岁以下班主任	班级建设	童莉(曾旭红团队技术支持)
第十二周	三年级	40岁以下班主任	班级建设	范雪虾(杨轶璇团队技术支持)
第十三周	二年级	40岁以下班主任	班级建设	张帆(陈苏园团队技术支持)
第十四周	一年级	40岁以下班主任	班级建设	欧恋佳(陈苏园团队技术支持)

附表三：三年来班主任所执教区级班队会课一览表

序号	时间	上课教师	课题
学科整合活动系列			
1	2018年3月20日	陈 敏	"红领巾，我会戴"活动推进会
2	2018年3月20日	阮琳、范雪虾	我"留学"，我成长
3	2018年5月8日	欧恋佳	跟着《西游记》去旅行
4	2018年9月27日	曾旭红	品秋系列活动——把秋天请进教室来(阶段展示)
5	2018年9月27日	阮 琳	品秋系列活动——走进秋天
6	2018年10月31日	黄 蕾	相约周末——我们一起去秋游
7	2018年10月31日	苏淑兰	"我们的秋季运动会"之总结会
一日校园新生活活动系列			
1	2018年5月	田宇燕	相约四点十分——俱乐部中享快乐
2	2018年12月	李淑妮	《缤纷午间我们来秀》
3	2019年3月	曾旭红	阳·光班级跑步团(升级策划会)
4	2019年3月	欧恋佳	"小精灵中队·缤纷午间共成长(阶段小结)"
5	2019年5月	曾旭红	亲子跑步团设计方案(最终版三四改)
6	2019年5月	阮 琳	七色花中队·多彩早间促成长(阶段小结)
7	2019年10月	曾旭红	"缤纷亲子活动问卷调查分析会"教学设计
8	2019年9月	徐佳佳	"小队合作，我们能行"教学设计
9	2019年10月	陈苏园	"午餐服务岗你我共成长"活动设计
10	2019年10月	田宇燕	"快乐乒乓球，班级齐参与"(重建教案)
劳动教育活动系列			
1	2020年3月	刘佳敏	"宅家抗疫小达人"之评价小结会
2	2020年3月	纪思帆	"自主学习我能行"阶段推进会
3	2020年10月	陈英如	家务协助系列活动——翻滚吧，蛋炒饭
4	2020年10月	刘佳敏	家务协作——"食"刻相伴之面条篇

续表

序号	时间	上课教师	课题
5	2020年12月	王 鑫	我是种植小能手——花卉篇(活动分享总结会)
6	2020年12月	杨轶璇	我是种植小能手——豆芽大变身
7	2021年4月	陈婷婷	传统节日中的劳动教育系列活动——清明艾板篇
8	2021年4月	陈苏园	我是整理小能手
9	2021年5月	陈 璐	我是种植小能手——蔬菜种植社团篇(阶段性小结)

四、立足实践,研究课题,助力发展

"教而不研则浅",研究是形成教育智慧的重要方式,也是科研型班主任专业提升的有效途径。立足学校发展需求,学生工作部门各负责人带头进行课题研究,并结合班主任的研究特长和兴趣,引导班主任们在立足班级实践的过程中形成课题意识,以问题促进研究,以课题引领发展,促进科研型班主任专业化能力的提升。

表3-6

课题主持人	课题级别	课题名称	课题组研究人员
陈国灵	市级	"基于'新基础教育'理念,重建班级活动实践研究"	范雪虾、陈胜男、陈苏园、曾旭红、杨轶璇、张悦平、陈婷婷、田宇燕、陈敏、李淑妮
陈国灵	区级	"非正式教育时段小学生活动的开发与研究"	田宇燕、杨轶璇、陈苏园、陈敏、黄蕾、童莉、刘佳敏、陈璐、方菲、李淑妮
张 红	市级	"小学'1+N+1'体验式德育模式研究"	曾旭红、陈胜男、范雪虾、欧恋佳、陈婷婷、徐佳佳、苏淑兰、纪思帆、邱芝怡、王鑫

五、以读促写,以写促研,助力提升

一线班主任的实践经验是非常丰富的,理论的学习相对比较薄弱。实践型班主任向科研型班主任转型,专业化阅读和专业化写作是非常好的途径。

因此,学校以主题式学习,加大班主任专业化理论的学习。如"新基础教育"理论的学习:分年级学习李家成教授主编的《新基础班队活动指导纲要》,班级建设相关内容以袁文娟老师的《小学班级建设创新实践》为主;家校沟通方面的书籍以李家成教授主编的《家校合作指导手册》为主。

一线班主任结合学校专题,进行专题化的写作研究,形成了《光明小学一日校园新生活》案例研究集。在写作过程中,班主任们相互交流,互提建议,在读中写,在写中思,提升认知水平,促进了班主任们专业化表达能力的发展。

实践带动,专业引领,开展丰富多彩的班主任研究活动。光明小学学生发展部通过明确发展目标、立足班级建设、专家引领实践、推进课题研究、坚持读写结合等方式,极大地推动了科研型班主任专业能力的提升。

学生工作

浅谈小学低年级班级管理中岗位责任意识的培养

——以"班级小岗位建设"为例

深圳市光明区李松蓢学校　陈雪玲

荀子说："良农不为水旱不耕,良贾不为折阅不市,士君子不为贫穷怠乎道。"可见"责任"二字可贵。但现在有不少学生缺乏责任意识,自主自立意识薄弱,依赖性强,生活自理能力较差,一个没有责任意识的学生,即使聪明有能力,长大后也是难以成才的。张向众和叶澜在《"新基础教育"研究手册》中指出:"班级管理工作,主要不是为了让学生帮助班主任,而是让管理、制度本身成为一种教育的手段与力量,开发学生的潜力,帮助、促进每一个孩子更好地认识自己,实现主动、健康发展。"在班级管理中利用小岗位建设培养学生的责任意识,一方面,班级小岗位建设是基于学生成长的需要,对于学生自身能力的提升和全面发展起着不可或缺的促进作用;另一方面,班级小岗位建设是基于班级建设的需要,能有向推进学生班级日常管理工作有序、有效地开展。

一、小岗位设置,丰富学生角色体验

班级小岗位建设意在通过学生分工合作、各司其职、各尽其能来处理班上的各类事务。班级小岗位建设要立足班级和学生的需要,既要从班级日常生活的需要出发,让班级工作有条不紊地开展;又要满足学生自身的发展需要,重心下移,设置多样、多方面的班级小岗位,让学生在班级工作和活动中得到多方面能力的锻炼,发挥学生的创造性,让学生的才能得到提升。如让学生参与小岗位名称设置、岗位职责的制定等。

开学初,我开展了"小岗位,大责任"的班队活动。根据"人人有岗位,事事有人做"的原则以及班级管理的实际需要,在班队讨论会上,组织学生在发现问题的基础上,讨论并确定了以下班级小岗位。首先按班级需要,把班级管理工作分为纪律岗位、学习岗位和生活岗位三大岗位组,每一岗位组设置2名岗位组长,对分区岗位进行管理和监督;然后依据学生自身发展、能力锻炼的需要细分为多项班级小岗位,力争做到"人人有岗位,事事有人做"。

在学生的激烈讨论中涌现出一批生动而有趣味的班级小岗位名称,并制定相关班级小岗位职责。例如,纪律岗位中的"护眼小天使"给同学们示范并纠正眼保健操的错误动作,"课间协管员"让课间走廊秩序文明有序,"文明小导师"让同学们一起成为校园文明的风景线;学习岗位中的"神气领读员"让同学们入班即读,教室里书声琅琅,"图书管理员"让同学们有序借阅书籍,"学习互助员"帮助学习有困难或是因病缺课的同学;生活岗位中的"地面保洁员"提醒同学们随手捡起地上的纸片等垃圾,"桌椅小管家"保持课桌椅干净整洁、排列整齐,"护绿小精灵"让教室植物角焕发出一缕缕生机……

二、小岗位选择,激发学生参与班级管理热情

班级小岗位名称与职责确定下来后,学生开始根据自己的兴趣和特长来进行小岗位选择。

首先是岗位组长通过舞台展示活动竞选,可自荐与他荐,让学生根据自己的兴趣和特长应聘岗位组长,由全班同学投票选出相应的岗位组长。

其次是岗位成员招募,在此阶段前期,我邀请学生家长通过调查问卷方式共同参与小岗位选择活动。由于孩子年龄小,有的孩子只是单纯有热情,但并不十分明确自己的岗位职责,或是期间会遇到什么困难,能不能设法解决,缺少一定的预判能力。经过与家长的共同讨论和思考,根据学生能力和岗位的需要,50位孩子自主选择到了合适的班级小岗位,多人选择的小岗位也进行班级竞选,从而更加充分地激发学生参与班级管理的热情。

三、小岗位上任,培养学生岗位责任意识

当上课铃声响起时,"课前检查员"检查同学们的课前准备情况,"神气领

读员"组织课前诵读《三字经》国学经典;当下课铃响起时,"课程播报员"提醒同学们做好下节课的课本、文具准备,"桌椅小管家"提醒同学们桌椅横竖对齐,"地面保洁员"提醒同学们随手捡起地上的纸片等垃圾,"课间协管员"提醒同学们课间游戏文明有序……

为了让学生更加清楚自己的小岗位职责,更好地开展合作交流,我在班上开展了一次"班级小岗位风采展",让三大岗位组展示岗位组名和口号,各岗位成员也介绍自己的岗位和展现岗位风采。例如,"护绿小精灵"通过歌舞表演告诉同学们爱护花草树木,并分享绿植养护心得;"图书管理员"通过知识问答方式带领同学们遨游课外书籍海洋,并提醒同学们爱护书本,学会整理书本;"水电节能员"通过情景剧表演告诉同学们浪费水电资源是不对的……

经过一段时间班级小岗位工作的实践,学生们在自主参与班级管理的过程中得到了能力的锻炼和提升,在自觉中培养了岗位责任意识,学会了沟通与合作,班级凝固力也越发强了。

当然,教师要适时介入,坚持鼓励为主,正面引导和指导学生做好自己的班级小岗位工作,培养学生的责任意识,将责任牢牢记在心中,并且体现在自己的行动中,强化学生责任意识。

四、小岗位调整,提高学生积极性

在班级小岗位建设过程中,教师也要及时根据班级的实际需要以及学生提出的合理化建议适当调整班级小岗位。小岗位上任刚开始,班级管理工作都比较顺利,学生积极性也高,但是一段时间后出现了一些小问题,有的同学只是一时热情,做了几天就不想做了;而有的同学活力满满,想为班级做更多的事情;有的同学觉得每天做同一项工作枯燥无味,也想尝试其他的小岗位工作……根据出现的这些问题,我又上了一节"小岗位,大作用"班队课,让同学们互相分享在班级小岗位上遇到的种种问题与心得,并且实行"轮岗换岗",让学生体验不同岗位的乐趣,也能学会相互理解与包容。

五、小岗位评价,促进学生自主发展

"岗位教育离不开岗位评价,岗位评价有助于学生明确岗位职责,提升岗

位责任感。""评价的最终目的在于促成学生个体与群体的自我教育。"及时评价在班级小岗位建设中起着推进和激励的作用,小岗位评价采用自评、小组评、教师评价相结合等方式,评价重在鼓励学生,并且实施小岗位评价,能够给予学生小岗位工作更加有针对性的指导,及时进行反馈,评选出"小岗位之星"。

同时,我希望让"教室的每一面墙壁都会说话",因此在教室墙壁上设置了"岗位星星我来摘"专栏,让同学们给小岗位工作认真负责的同学贴上星星,以此激励做得好的同学,孩子们得到他人的认可,积极性也就提高了。

六、小岗位延伸,鼓励学生日常践行

班级可以进行小岗位建设,在家庭里亦可。在家长们的支持下,孩子们根据家庭情况,在家里也进行小岗位建设,强化自己的家庭责任意识,化身为帮忙倒垃圾的"清洁员",每天给阳台小花浇水的"植物美容师",给下班劳累一天的爸爸妈妈讲故事的"故事大王"……

总而言之,通过班级小岗位建设,学生们更加积极地参与班级管理,在小岗位工作中学会合作与沟通,责任意识和合作意识增强,班级小主人翁的意识更强烈。

参考文献

[1]张向众,叶澜."新基础教育"研究手册[M].福州:福建教育出版社,2015.

[2]李家成,王晓丽,李晓文."新基础教育"学生发展与教育指导纲要[M].福州:福建教育出版社,2016.

[3]李家成.班级日常生活重建中的学生发展[M].福州:福建教育出版社,2015.

"节"是生长

——以玉律学校"美玉·春生"班主任节系列活动为例

深圳市光明区玉律学校　刘丹妮

叶澜教授说:"节"是生命或事物发展的节点,体现了系统内转换的临界点;"节"是历史积淀、人类经验的结晶,具有强化价值和期待发展的价值。在学校中,我们以"过节"的形式,让学生体验感受丰富的校园生活,促进学生的能力提升。作为教育人,我们也会在教师节当天收到许多祝福和感谢。

然而,在学校教育教学活动中,还有一个特殊的角色岗位——班主任。班主任是班级建设的领导者,是凝聚学生、科任老师和家长的领导者,班主任促进班级发展、密切家校合作。在玉律学校"班主任生活四季"系列活动之下,我们策划开展每年一度的"美玉·春生"班主任节系列活动。它以"春分"为活动节点,意在"初生、开启",它像一个风向标,引领着班主任已有的成长经验、目前的成长状态和未来发展的方向。

"美玉·春生"班主任节系列活动主要是从反思不足开始的。

一、反思不足,厘清问题

回顾传统的班主任工作,林林总总,从学生日常行为规范的教育指导到各种班级问题的处理,从学校各部门布置的相关工作落实到指导学生组织开展各项上级活动。班主任工作带给老师更多的是"疲乏",主要有以下几点不足。

(一)班主任角色的认同不足

认同的发展是一种无意识的历程,强调一个人对"我是谁"的稳定的一致的感受。当班主任认为自己仅仅是"事务工作者""班级管理者""问题处理者"时,则班级是缺乏"生命力"的。

(二)班主任专业的认识偏差

在学校中,老师的基本身份是"学科专业教师",却很少有老师会主动提及自己的"专业班主任"身份。事实上,"班主任"不同于"学科老师",班主任高于"学科老师",它是要通过发挥"班主任专业"去凝聚"学科老师"共同为学生的成长创造劳动的。

(三)班主任发展的价值缺乏

在前面两点意识不足的基础上,很少有人会去谈"班主任发展"。而所谓的班主任发展,也只是停留在浅层、形式上的听课观摩、定期的班主任事务性会议等。

二、前移后续,春生重建

基于以上所述,我们构建了"班主任生活四季",开展班主任成长实践研究系列研修活动。并以"美玉·春生"班主任节作为"班主任生活四季"的开端,通过前移后续的系列活动,指引班主任发展方向,促进班主任领导力发展的内生自觉。

(一)春风正美,班班逐梦

班主任是班级的灵魂,他将班级里的学生、科任老师和家长联系在一起,形成班级成长共同体,共同创建班级生活。因此,在此主题下,我们构建开展了"班级成长共同体"活动,以学生、科任老师、家长的表白带给班主任节日的温暖。

表3-7

活动内容	活动组织者
"班主任,您好!"主题班队会	学生
"我眼中的班主任老师"科任祝福	科任老师
"家校有你"家校座谈会	家长

(二)春生幸福,最美是你

学校是师生成长的生命场,班级是家校实践的小团体。其中,最美的是"班主任"。因此,在此主题下,基于学校实际,我们构建开展了"美玉"班级建设和班主任专业成长表彰大会,从班主任专业领导力角度给予工作价值的肯定。

表3-8

项目名称	活动内容	活动目的
特色班级创建申报	根据班级发展实际,依次申报"璞玉、琢玉、美玉"班级	鼓励班级创建个性班级,促进班级文化和学校文化的综合融通
"美玉"班主任评选	根据各班"特色班级创建申报",由德育校长、德育主任、年段长、德育工作室主持人等评选"美玉班主任"	起到"美玉示范、引领辐射"的作用,同时为新骨干的培养储备力量
班级发展系统构建	借助"美玉·春生"节点,促进班主任规划班级发展和个人发展	以"节"凝聚学生、家长、科任老师的力量,共同为班级发展做规划

(三)春分有幸,长程发展

春分时节,万物萌芽。借助"春分"节点,我们开展班主任节仪式活动,以仪式感促进班主任成长感。

表3-9

项目名称	活动内容
成长回顾	回顾班主任的成长历程,表达学校对班主任工作的感恩与珍惜
感恩遇见	1.朗诵叙成长(学生表达祝福) 2.琢玉品成长(美玉班主任表彰) 3.暖玉谢成长(家长和班主任一同传递爱与关怀) 4.引领促成长(学校领导表达祝福与谢意)
延伸成长	开展"美玉·春生""缤纷·夏长"班主任成长研修系列活动

三、挖掘价值,丰富内涵

班主任节仪式系列活动持续了一周,我们以一个活动看一个班级生活、看一位班主任成长。在班主任节的构建策划、实施过程中,逐渐显现以下价值。

(一)形成氛围,以"节"聚焦班主任角色

就"班主任节"的本体性价值而言,它营造了一种气氛,在家校范围内将班主任的角色地位提高到了前所未有的位置。首先,在全区范围乃至全市范围,玉律学校是第一个构建开展班主任节活动的学校,它具有"首发效应",聚焦到班主任的专业岗位,吸引了教育行业的目光;其次,学校通过各种丰富的方式,带动科任老师、学生、家长和社区多方力量,与班主任进行了"感性的沟通",平凡的祝福、自制的贺卡,促使其他人对班主任的角色和工作产生更多的理解、尊重;最后,促使班主任对自我班主任角色的认识更新、定位认同,激发着班主任的工作热情与内生发展自觉。

(二)梳理总结,以"节"展示班主任的成长历程

班主任节是班主任成果过程中的节点,它反映了班主任一整学年的成长生活,一段和学生共同成长的生活过程。这段生活过程的每个不同阶段,都有特定的目标与意义。班主任节的前期努力实践和成长付出促使"节"更加神圣、庄严,更具有价值和意义,令人期待;在充分的前期实践基础上的班主任节规范化仪式更让人印象深刻;而在班主任节之后,班主任即将开始"美玉·春生"系列研修活动,后续的延伸则体现了班主任对新成长生活的自主动力。

(三)内生自觉,以"节"融通春生成长

班主任节的目的不在"过节",而在"节"后的生长。从这点意义出发,班主任节活动的开展有着特殊的时间节点要求。赋予班主任节于"春分"之"开端"的含义,它是建立在"蓄力冬藏"的基础上的,又代表着"有目标、有方向"的新起点。"春分"是春季的第一个节气,它赋予了新征程、新责任、新自觉和新发展。因此,"美玉·春生"班主任节的举行开展,就要促使班主任节保持"新鲜感",促使班主任开展新创造,给予班主任在教师角色中的"新地位"。

四、融通资源,节后生长

在"班主任生活四季"中,班主任节是一个万物春生的节点,节后着力于缤纷夏天的"长",它于班主任而言,是长意识、长个性和长智慧。

(一)长意识:自我更新的意识

班主任"自我更新"的意识,不只是旧经验与新实践的融通更新,更是价值取向的更新与思维方式的转变。班主任的价值取向决定了班级发展的价值取向。所以,班主任在实践发展中还要有意识地回归本位,思考发展起点,发现现状矛盾点,寻找解决突破点。

(二)长个性:专题共性和班级个性

班主任的专业发展离不开专题式研究。班主任的专题研究着眼于学生的发展需要,而在关注学生的发展共性时,更要依据班级实际聚焦学生成长个性。每位老师的实践研究都具有独特性,只有这样,才能真正挖掘班主任的实践研究价值,也才能在实践研究中形成班级文化个性和学生成长个性。

(三)长智慧:善于融通,体用结合

班主任的智慧创生在于"善于融通,体用结合",要充分利用已有经验、团队经验,在坚实的基础上实践。不是简单地模仿,而是要把他人好的经验做到以我为本,整合通用。

五、结语

"美玉·春生"班主任节的开展,是促进班主任的角色认同,是挖掘班主任的工作价值,是提升班主任的专业能力。"节"是生长,它是一个"有基础"的新起点,也是一个"有方向"的新动力。班主任,也会在"学生持续生长"的氛围里,不断丰富班级创建意识,发展班主任个性,创造智慧促进学生综合发展。

参考文献

[1]叶澜.探教育之所"是",创学校全面育人新生活——新时期"新基础教育"研究再出发[J].人民教育,2018(2):10-16.

[2]李家成.班主任是如领导者[N].中国教师报,2019-12-25.

后 记

　　明者因时而变。2014年,深圳市光明区正式引进华东师范大学的"新基础教育"研究,首批5所实验学校开展"新基础教育"实验。

　　知者随事而制。多年来,在华东师范大学"新基础教育"研究核心团队的现场讲解培训、悉心指导、督促和评估下,光明区"实验学校"注重理论与实践双向滋养,践行教育思想转化为鲜活的教育实践,坚持"主动深度介入式"合作研究,并依托生态共生体,稳步有效地推进了"新基础教育"实验。玉律学校的"综合大美育"文化生机勃勃,"校园四季"新生活不断生成,"层级联动"教研助教师成长提速;光明小学的"生命自觉成长"理念落地生根,"1+N+1"研究品牌特色鲜明;马田小学的"千里马文化"滋养着师生灵魂,校园里处处呈现出"万马奔腾、气象万千"的生长态势,等等。

　　思本元,再出发。深圳市光明区"新基础教育"研究院对光明区这些年走过的"新基础教育"研究之路进行了梳理与回顾,在此过程当中,得到了深圳市光明区教育局领导的大力支持和持续关注、华东师范大学专家团队的热心策划与无私帮助。感谢在本书出版过程中,给予各种支持与帮助的领导、专家,以及付出辛劳的各位作者和朋友。特别感谢华东师范大学上海终身教育研究院李家成教授的鼎力支持。

　　历经沧桑而初心不改,饱经风霜而本色依旧。我们注定战胜不了时间,所以,不妨做时间的朋友。在"新基础教育"研究之路上,让我们分头努力,各自向好,彼此认同,守望相助。

　　星河灿烂,梦想无垠。教天地人事,育生命自觉。

编者

2022年5月9日

后
记

225

图书在版编目（CIP）数据

"新基础教育"研究成果集 / 钟东平主编. -- 北京：
九州出版社，2022.11
ISBN 978-7-5225-1306-5

Ⅰ.①新… Ⅱ.①钟… Ⅲ.①基础教育－教学研究－
文集 Ⅳ.①G632.0-53

中国版本图书馆CIP数据核字(2022)第199622号

"新基础教育"研究成果集

作　　者	钟东平　主编
责任编辑	姬登杰
出版发行	九州出版社
地　　址	北京市西城区阜外大街甲35号(100037)
发行电话	(010)68992190/3/5/6
网　　址	www.jiuzhoupress.com
印　　刷	杭州万星印务有限公司
开　　本	710毫米×1000毫米　　　16开
印　　张	15
字　　数	230千字
版　　次	2022年11月第1版
印　　次	2022年11月第1次印刷
书　　号	ISBN 978-7-5225-1306-5
定　　价	45.00元